원불교 최정풍 교무가 쓴

알기쉬운 교리 행복한 정전

원불교출판사
WON BOOK

책을 펴내며

9cm × 18cm의 추억

반갑습니다.

이 책은 원기 90년 5월부터 원기 93년 1월까지 약 3년간 서울교구 한울안신문에 '알기 쉬운 교리, 행복한 교리' 라는 제목으로 142회에 걸쳐 연재한 내용을 하나로 엮은 것입니다.

소태산 대종사님의 가르침을 좀 더 많은 분들에게 알리고 싶어서 시작한 작업이었습니다. 소중하고 유익한 가르침이 우리 곁에 있는 것조차 모르는 인연들을 위한 마음에서 였습니다.

당연히 교리를 접해보지 않은 분들을 독자로 상정하고 가급적 쉽게 쓰려고 노력했습니다. 그러다보니 교과서적인 해석보다는 생활 속 느낌들과 교리를 섞게 되었습니다.

주간 신문의 가로 9㎝ 세로 18㎝ 작은 공간에 글을 쓰다보니 교리의 전체 구조를 설명할 수는 없었습니다. 교리를 전하는 기쁨은 컸지만 매주 900자 정도의 글자로 위대한 가르침을 전해야 하는 고통도 만만치 않았습니다.

좀 더 널리 알리겠다는 마음과는 달리 오히려 대종사님께 누가 되는 것은 아닐까 걱정스러웠습니다. 법 높은 스승님들과 눈 밝은 법 동지들은 오히려 소리 없이 정진하며 글을 아끼시는데 어떻게 해야 하나 생각도 했습니다.

하지만 결국 '널리 알리자' 는 욕심이 다른 걱정을 누른 셈입니다. 설익은 작업에 대해 지도편달을 부탁드립니다.

글을 쓴 지난 날을 생각하다보니 고마운 분들의 얼굴이 계속 떠오릅니다. 초발심을 낸 저를 출가의 길로 잘 이끌어 주신 김삼진 교무님, 오랜 세월 어리석은 저를 바른 공부 길로 이끌어주시고 어려운 고비마다 반드시 대종사님 교법에 근거해서 방향로를 잡아주신 법타원 종사님을 비롯한 스승님들의 은혜에 깊은 감사를 드립니다.

또 개척교화의 어려운 여건 속에서도 신앙과 수행을 함께하며 동고동락한 전곡교당 교도님들과 선배 신평숙 교무님, 후배 박종성· 박은아· 김동주· 송세현· 김인창· 박세훈 교무님, 소리 없이 큰 힘이 된 정토와 가족들의 고마움도 잊을 수 없습니다.

이 글을 엮을 수 있도록 도와주신 한울안신문과 부족한 글을 오래도록 읽어주시며 격려해 주신 독자 분들께 고개 숙여 감사드립니다.

3년 동안 한울안신문과 함께한 지난날을 잊지 못할 추억으로 간직하며, 손꼽을 수 없이 많은 분들의 고마움을 잊지 않고 좀 더 열심히 공부하고 보은하겠습니다.

법신불 사은님의 은혜 가득한 나날 되시길 기원합니다.

원기 93(2008)년 4월 7일
봄이 오는 한탄강가 원불교 전곡교당에서
최정풍 교무 합장

| **차례** |

4

5

텅 비워두신 까닭

– 일원상○

누가 제게 액자를 선물했습니다. 테두리가 아름다운 액자입니다. 텅 비어 있는 액자를 보면서 생각합니다. 이 속에 누구 사진을 넣을까… 하고.

옥이 사진을 넣으면, 철이가 마음에 걸립니다. 옥이와 철이 사진을 함께 넣으려니 훈이가 걸립니다. 기억하고 싶은 얼굴도 참 많고, 고마운 얼굴도 정말 많습니다. 그렇게 많은 줄 몰랐는데 막상 누군가를 따로이 액자에 담으려고 하니 이래도 마음에 걸리고, 저래도 마음이 개운치 않습니다.

모두를 담고 싶은데… 담을 수가 없군요. 결국 그냥 텅- 비워두기로 했습니다. 담고 싶은 얼굴들 모두 마음에 담고 액자는 비워두기로 했습니다.

대종사님께서 저희들에게 둥그런 액자를 주셨습니다. 가운데가 텅- 비어있는 아름다운 액자입니다. 한 두 사람이 아니라, 우주 만물을 모시고, 한 부처님이 아니라 모든 부처님과 성현님들을 모두 모셔야 할 둥근 액자입니다. 말로 할 수 없는 궁극의 진리를 담고자 하신 둥근 액자입니다.

결국 대종사님도 이 둥근 액자를 텅-비워 두셨습니다. 도저히 모두를 모실 수 없어서. 누구는 모시고 누구는 빼놓을 수 없어서. 누구 하나도 차마 버릴 수 없어서 텅-비워 두었습니다.

무어라 이름 할 수는 없으나, 무어라 이름 붙이지 않을 수 없어서 지은 이름, 일원상(一圓相)은 원불교 신앙과 수행의 상징입니다. 그런데 늘 일원상은 텅- 비어 있습니다. 무언가 모자라서 비어 있는 것이 아니라, 더 이상 채울 수 없는 비어있음입니다.

그 자리 너무 눈 부셔서 부처님도 대종사님도 옆자리에 물러나 계십니다. 오늘도 일원상은 텅-비어 계시며 우주 만물을 모두 온전히 담고 계십니다. 그 안에서 우리 모두는 가장 빛나는 존재입니다. 모두 부처님입니다.

개교의 동기

현하 과학의 문명이 발달됨에 따라 물질을 사용하여야 할 사람의 정신은 점점 쇠약하고, 사람이 사용하여야 할 물질의 세력은 날로 융성하여, 쇠약한 그 정신을 항복받아 물질의 지배를 받게 하므로, 모든 사람이 도리어 저 물질의 노예 생활을 면하지 못하게 되었으니, 그 생활에 어찌 파란 고해(波瀾苦海)가 없으리요. 그러므로, 진리적 종교의 신앙과 사실적 도덕의 훈련으로써 정신의 세력을 확장하고, 물질의 세력을 항복받아, 파란 고해의 일체 생령을 광대무량한 낙원(樂園)으로 인도하려 함이 그 동기니라.

물질이 개벽되니 정신을 개벽하자

– 개교표어

냉장고가 구형이라서 불행합니다. 자가용 자동차의 배기량이 적어서 불행합니다. 아파트 평수가 작아서 불행합니다. 며느리감의 혼수가 보잘 것 없어서 얼굴을 들 수가 없습니다. 남편의 월급봉투가 얇아서 불행합니다.

냉장고를 최신형으로 바꾸었습니다. 이제 행복하신가요? 자가용 자동차의 배기량을 늘렸습니다. 이제 행복하시지요? 넓은 아파트로 이사를 갔습니다. 이제 행복하시겠지요? 부잣집 딸로 며느리를 바꿨습니다. 이제 떳떳하고 행복하십니까? 남편의 월급봉투가 두툼해졌습니다. 정말 이런 것이 행복을 가져다주는 것인가요?

돈으로, 물질적 가치로 진정한 행복을 누릴 수 있는 것인가요? 돈이나 물질적 가치만으로는 분명 뭔가 부족합니다. 마음, 정신적 가치와 균형을 이루지 못하면 진정한 행복에 이를 수 없습니다. 돈이나 문명의 이기, 물질적 가치들은 참 마음과 정신의 부림을 받아야 합니다.

개인적 삶에 있어서도, 인류의 삶에 있어서도 가장 큰 의두와 관건은 물질과 정신, 물질문명과 정신문명의 조화입니다. 대종사님이 원불교를 여시며 인류의 미래를 위해 해주신 첫 법문이 바로 '물질이 개벽되니 정신을 개벽하자!'는 개교표어의 말씀입니다.

인류 역사상 처음으로 맞는 물질문명의 일대 개벽기에 개인이나 인류나 모두 심한 멀미를 하고 있습니다. 파란 별 지구도 깊은 신음을 하고 있습니다. 휘황한 물질문명의 불빛 속에서 마음이 점점 어두워지는 까닭은 무엇인가요? 행복해질 수 있다는 믿음을 잃는 사람들이 많아지는 이유는 무엇인가요?

없어서는 살지 못하는 관계
– 은혜

네가 있어서 행복한 삶이 있습니다. 당신 아니면 못산다는 삶이 있습니다. 그러나 그 반대로 네가 있어서 불행하다는 삶이 있습니다. 당신만 아니면 살 수 있겠다는 삶이 있습니다. 과연 나는 어떤 쪽의 삶을 살고 있을까요?

세계 곳곳에선 지금도 전쟁과 분쟁, 테러가 끊이지 않고 있습니다. 화려한 문명의 껍질 뒤에선 아직도 거대한 야만이 꿈틀거리고 있습니다. 야만, 폭력, 억압, 무시…. 이름은 달라도 이것들의 뿌리는 하나입니다. '상대에 대한 부정' 입니다.

이 나라는 저 나라를 부정하고, 이 종교는 저 종교를 부정하고, 남자는 여자를 무시하고, 여자는 남자를 무시하고, 인간은 자연을 경시하고…. 세계, 국가, 사회, 직장, 가정을 불문하고 서로가 서로를 부정하고 무시하는 곳에서는 평화와 평안, 따뜻함과 행복이 깃들 수 없습니다.

대종사님은 이 우주 만물이 서로 '없어서는 살지 못할 관계'로 맺어진 소중한 인연이라고 말씀해 주셨습니다. 그 관계를 '은혜'(恩惠)라고 표현해 주셨습니다. 상대에 대한 부정이 아니라, 상대에 대한 무한한 긍정입니다.

새해가 밝았습니다. 내 옆에 누가 있는지 다시 보아야겠습니다. 내 옆에 있는 모든 인연과 사이좋게 지내고 있는지 다시 뒤돌아봐야겠습니다.

'사이좋은' 정도가 아니라 '없어서는 살 수 없는' 관계로 살고 있는지….

교법의 총설

불교는 무상 대도(無上大道)라 그 진리와 방편이 호대하므로 여러 선지식(善知識)이 이에 근원하여 각종 각파로 분립하고 포교문을 열어 많은 사람을 가르쳐 왔으며, 세계의 모든 종교도 그 근본되는 원리는 본래 하나이나, 교문을 별립하여 오랫동안 제도와 방편을 달리하여 온 만큼 교파들 사이에 서로 융통을 보지 못한 일이 없지 아니하였나니, 이는 다 모든 종교와 종파의 근본 원리를 알지 못하는 소치라 이 어찌 제불제성의 본의시리요.

그 중에도, 과거의 불교는 그 제도가 출세간(出世間) 생활하는 승려를 본위하여 조직이 되었는지라, 세간 생활하는 일반 사람에 있어서는 모든 것이 서로 맞지 아니하였으므로, 누구나 불교의 참다운 신자가 되기로 하면 세간 생활에 대한 의무와 책임이며 직업 까지라도 불고하게 되었나니, 이와 같이 되고 보면 아무리 불법이 좋다 할지라도 너른 세상의 많은 생령이 다 불은(佛恩)을 입기 어려울지라, 이 어찌 원만한 대도라 하리요.

그러므로, 우리는 우주 만유의 본원이요, 제불제성의 심인(心印)인 법신불 일원상을 신앙의 대상과 수행의 표본으로 모시고, 천지 · 부모 · 동포 · 법률의 사은(四恩)과 수양 · 연구 · 취사의 삼학(三學)으로써 신앙과 수행의 강령을 정하였으며, 모든 종교의 교지(敎旨)도 이를 통합 활용하여 광대하고 원만한 종교의 신자가 되자는 것이니라.

행복해지기

- 교법의 총설 1

이 세상엔 정말 많은 종교가 있습니다. 깨달음을 얻은 분들도 많고, 계시를 받은 분들도 많습니다. 그 분들이 가르침을 펴고 깨달음을 전하면서 '종교'라는 것이 생겼지요. '마루가 되는 가르침'이란 뜻이니, '최고의 가르침'이라고 해도 되겠지요.

그런데 문제는 최고의 가르침이 '하나'가 아니라 '여럿'이라는 데 있습니다. 여기선 기도를 하고 저기선 좌선을 합니다. 여기선 술과 고기도 먹지만 저기선 채식만 합니다. 여기선 염불만 하고 저기선 경전만 봅니다. 여기선 독신을 지켜야 한다고 하고 저기선 일부다처도 좋답니다. 유니폼을 고집하는 데가 있는가 하면 발가벗고 수행하는 사람도 있습니다.

경전의 말씀을 일점일획도 고칠 수 없다고 하면, 한 쪽에선 불립문자(不立文字)를 말하며 진정한 가르침은 문자로 표현할 수 없다고 합니다. 내 종교의 창시자가 최고라고 피를 흘리며 전쟁을 합니다. 종교의 진열장 앞에서 멀미를 하지 않는 것이 이상할 정도입니다.

대종사님은 모든 종교의 가르침을 통합 활용하자고 하십니다. 세계의 모든 종교도 그 근본되는 원리는 하나라고 보십니다. 각 종 각 파로 나눠진 현상은 그 근본 원리를 알지 못한 까닭이라고 하십니다.

가만히 생각해봅니다. 인간이 종교를 위해서 태어난 것은 아닙니다. 인간의 행복을 위해서 종교가 있는 것이지요.

며칠 전 우유를 마시러 상점에 갔다가 엄청나게 많은 종류의 우유 앞에서 잠시 어리둥절했습니다. 하지만 많은 주부들이 알아서 우유를 골라가더군요- 아무 문제도 없이. 우유는 건강을 위해서 마실 뿐입니다. 저지방 우유를 먹다가 고칼슘 우유를 마실 수도 있습니다. 우유를 마시듯 종교를 신앙할 수는 없는지 생각해봅니다.

불교가 최고이긴 한데…

– 교법의 총설 2

대종사님은 여러 종교를 긍정하십니다– 물론 사도(邪道)는 빼고. 그 수용의 폭이 아주 넓어서 도대체 원불교의 정체성이 무엇인지 헷갈려하는 사람도 꽤 있습니다. '모든 종교의 교지(敎旨)도 이를 통합 활용하여 광대하고 원만한 종교의 신자가 되자' 고 하시니 넓어서 좋긴 한데 자칫하면 기댈 곳을 찾지 못하는 수도 있게 됩니다.

하지만 정전 '교법의 총설' 은 '불교는 무상대도(無上大道)라 …' 라는 말씀으로 시작됩니다. 직설적 표현으로 선언하십니다. 불교가 최고라고!

조선시대 수 백년 간 제도권 밖에서 쇠락해가던 그 불교를, 산중에 숨어들어 간신히 명맥을 유지하던 그 불교를, 사주

팔자가 나쁜 사람이나 출가를 한다고 하던 그 불교를, 신라와 고려시대의 위엄을 다 잃어버리고 초라해질 대로 초라해진 그 불교를, 바로 그 불교를 무상대도라고 하십니다! 최고의 가르침이라고 하십니다.

모든 종교의 교지도 통합 활용하되, 그 주체는 분명히 불교에 두고 계십니다. 불법으로 주체를 삼아 완전무결한 회상을 건설하고자 하십니다. 그러나! 그 때 그 시절의 불교로는 안된다십니다. 현실 생활을 떠난 승려 위주의 조직으로는, 세간의 의무와 책임을 지지 않는 불교로는, 직업을 가질 수 없는 불교로는 곤란하다고 하십니다. 이 넓은 세상의 모든 생령에게 부처님 은혜를 입히기 어렵다고 하십니다.

교리와 제도를 혁신하지 않고는 다가올 세상을 구원하기 힘들다고 보셨습니다. 이런 생각으로 새로운 교법을 구상하신 것입니다. 이것이 새 세상을 열어갈 새로운 교법 탄생의 배경입니다. 대종사님께서는 참 친절하십니다. 교법을 바로 내주어도 될 텐데, 교법을 내놓게 된 이유와 배경까지 찬찬히 밝혀주고 계시니….

이렇게 살렵니다

– 교법의 총설 3

누군가 목소리를 높여서 다른 종교를 욕할 때, 누군가 자신의 종파만이 정통이라고 할 때 조용히 생각하렵니다. 정말 모든 부처님들과 성현님들의 생각도 그런 것인지… 깊이 생각하렵니다. 수많은 종교 가운데 한 종교를 신앙하는 나 또한 그렇게 다른 종교에게 문을 닫아걸고 있지는 않은지 뒤돌아 보렵니다.

바쁜 일상 속에서 어떻게 참다운 신앙과 수행을 할 수 있을까 회의하기보다, 바쁜 일상 속에서도 신앙하고 수행할 수 있어야 참다운 신자임을 잊지 않으렵니다. 오히려 신앙과 수행으로 바쁜 일상을 여유롭고 보람된 일상으로 변화시키렵니다. 직업이 신앙을 방해하는 것이 아니라 직업으로 세상에 보은할 수 있음에 감사하겠습니다.

어떻게 하면 나만 먼저 행복할 수 있고 구원받을 수 있을 것인가를 생각하는 것이 아니라, 어떻게 하면 모든 생령이 다 행복하고 은혜를 받을 수 있을 것인가를 생각하렵니다.

법신불 일원상을 우러를 때마다 우주만유의 본원을 생각하고, 모든 부처님들과 성현님들의 참마음, 참뜻(심인-心印)을 생각하렵니다. 모든 부처님들과 성현님들의 참마음, 참뜻은 하나임을 잊지 않으렵니다.

천지님 은혜 · 부모님 은혜 · 동포님 은혜 · 법률님 은혜-사은(四恩)을 신앙하고, 정신수양 · 사리연구 · 작업취사-삼학(三學)으로 정성스럽게 수행하렵니다. 그리고 다른 종교의 좋은 내용도 통합 활용하여 광대하고 원만한 종교인이 되렵니다.

현실에 맞게, 미래 세상을 열어갈 새로운 교법을 내어주신 대종사님께 늘 깊이 감사하겠습니다. 내가 이 멋진 원불교인임을 늘 자랑스럽게 여기며 살아가겠습니다.

일원상의 진리

일원(一圓)은 우주만유의 본원이며, 제불제성의 심인이며, 일체중생의 본성이며, 대소유무(大小有無)에 분별이 없는 자리며, 생멸거래에 변함이 없는 자리며, 선악업보가 끊어진 자리며, 언어명상(言語名相)이 돈공(頓空)한 자리로서 공적영지(空寂靈知)의 광명을 따라 대소유무에 분별이 나타나서 선악업보에 차별이 생겨나며, 언어명상이 완연하여 시방삼계(十方三界)가 장중(掌中)에 한 구슬같이 드러나고, 진공묘유의 조화는 우주만유를 통하여 무시광겁(無始曠劫)에 은현자재(隱顯自在)하는 것이 곧 일원상의 진리니라.

보물섬 지도

– 일원상의 진리

보물섬을 찾는 이에게 필요한 지도처럼 진리를 찾는 이들에게 대종사님께서 몇 가지 실마리를 주십니다.

우주 만유에서 찾아라–낱낱의 존재들을 보면서도 우주의 본원을 생각해보라고 하십니다. 우주 만유의 뿌리와 고향을 찾아보라고 하십니다.

모든 부처님들과 성현님들의 참 마음에서 찾아라–표현은 다르지만 결국 하나를 말씀하시는 그 분들의 핵심적인 가르침에서 찾으라고 하십니다.

그것도 어려우면 각자의 마음을 잘 뒤져봐라–일체 중생의 본성이니 내 마음 바탕을 들여다보면 거기서 발견할 수 있답니다.

아주 넓고 텅 빈 자리에서 찾아라-크다, 작다, 있다, 없다, 생겼다, 멸했다, 선하다, 악하다, 업을 짓는다, 과보를 받는다는 것들…, 그리고 모든 말과 명칭들이 다 의미를 고집할 수 없는 무한히 넓은 자리에 서보라고 하십니다. 물론 그 자리는 차타고 찾아가는 넓은 공터는 아닙니다.

거기까지 가보면 보일 것이다-그 정도까지 가면 우리가 찾고자 하는 것들이 잘 보일 것이라고 하십니다.

새롭게 보일 것이다-맑은 바람이 달을 가린 구름을 벗겨주니 만상이 스스로 밝게 드러나듯이(淸風月上時 萬象自然明) 본래 모습들이 또렷이 드러날 것이라고 하십니다.

조화로운 변화의 속내까지도 보일 것이다-세상과 우주 만유가 말 할 수 없는 조화로움 속에서 끝없이 변화해 가는 놀라운 모습을 볼 수 있을 것이고, 그 변화를 소리 없이 이끌어가는 '그 무엇' 도 볼 수 있을 것이라고 하십니다.

거친 바다를 건너, 목숨 걸고 찾아가는 것이 아니라서 오히려 어렵습니다. 내가 서 있는 이 자리에서 지금 당장 찾을 수 있답니다.

일원상의 신앙(一圓相-信仰)

일원상의 진리를 우주 만유의 본원으로 믿으며, 제불 제성의 심인으로 믿으며, 일체 중생의 본성으로 믿으며, 대소 유무에 분별이 없는 자리로 믿으며, 생멸 거래에 변함이 없는 자리로 믿으며, 선악 업보가 끊어진 자리로 믿으며, 언어 명상이 돈공한 자리로 믿으며, 그 없는 자리에서 공적 영지의 광명을 따라 대소 유무에 분별이 나타나는 것을 믿으며, 선악 업보에 차별이 생겨나는 것을 믿으며, 언어 명상이 완연하여 시방 삼계가 장중에 한 구슬같이 드러나는 것을 믿으며, 진공 묘유의 조화는 우주 만유를 통하여 무시광겁에 은현 자재하는 것을 믿는 것이 곧 일원상의 신앙이니라.

수박씨와 미운 오리새끼

– 일원상 신앙 1

아주 크고 파란 수박이 수박씨에게 말합니다. "너도 커서 나 같은 수박이 될텐데 그렇게 함부로 몸을 굴리면 안되지." 작고 까만 수박씨가 대답합니다. "에이 거짓말, 내가 어떻게 그렇게 커질 수 있어?" 그리고 나선 시멘트 바닥에 드러누워버립니다. 작고 까만 씨앗은 자신이 수박임을 믿지 못합니다.

까만 오리들이 하얀색 깃털을 가진 덩치 큰 오리를 미워합니다. 하얀색 오리는 미운 오리새끼가 되어갑니다. 미운 오리새끼는 자신이 우아하고 멋진 백조임을 믿지 못합니다.

치열한 구도 끝에 어렵사리 법 높은 스님을 만난 수행승이 간절히 묻습니다. "부처가 누구입니까?" 큰 스님은 피식 웃으며 말이 없습니다. 다시 한 번 물어도 대답이 없습니다. 더욱

초조해진 수행승이 자꾸 묻고 조르자, 큰 스님 왈, "내가 말해 주려고 하나 네가 믿지 못할 것 같아서…" 젊은 스님 왈, "그렇지 않습니다. 반드시 스님의 말씀을 믿겠습니다. 가르침을 주소서." 간절히 원하자, 큰 스님 오랜 침묵 끝에 어렵게 입을 여십니다. 그리고 뚜벅 한 마디 던지십니다. "네가 … 부처다."

전해오는 책에는 수행승이 큰 절을 올리고 떠나갔다고 하는데, 자신이 부처임을 믿게 되었는지, 깨달았는지, 아니면 믿지 못했는지는 알 수 없습니다.

가만히 나를 봅니다. 한심하고, 못났고, 부족하고, 미숙하고, 불만스럽습니다. 그런데 부처님이란 분들은 그런 내가 부처라고 하십니다. 내 마음이 곧 부처라고 하십니다. 대종사님도 마찬가지, 내 안에 진리가 숨쉬고 있고, 원래의 나는 원만구족하여 모자람이 없다고 하십니다.

과연 그럴까요? 내가 정말 수박일까요? 내가 정말 우아한 백조일까요? 나도 못 믿으면서 신앙을 한다고 하는 것 아닌지 곰곰이 생각해 볼 일입니다.

박주영 선수의 골 뒤풀이

– 일원상 신앙 2

한국 축구의 골 가뭄을 해결해 줄 천재 선수가 나왔다고들 합니다. 매스컴은 이 선수를 주목하고 축구팬들은 이미 영웅 만들기에 나선 듯 합니다. 박주영, 대한민국 청소년축구대표.

그런데 요즘은 좀 사그라들었지만 박 선수에게 시비가 따라붙곤 합니다. 골을 성공시키고 나서 무릎을 꿇고 기독교의 신에게 기도를 하는 것입니다.

네티즌들은 찬반으로 갈렸습니다. 동료들과 함께, 국민과 함께 기쁨을 나누어야지 자신의 신앙부터 앞세운다고. 반대로 다른 한 쪽에선 그거야 개인적인 신앙의 표현일 뿐이니 우리가 간섭할 일이 아니라고…. 과연 어떤 것이 맞을까요? 어떤 것이 바람직할까요?

저는 이 재미있는(?) 갈등을 보면서 미소를 지었습니다. 드디어 사람들이 신앙의 본질에 대해 깨닫기 시작했구나, 운동장에서 함께 가쁜 숨을 몰아쉬며 땀 흘린 동료 선수들이 무안해 한다면, 다른 종교를 가진 사람들이 소외감을 느낀다면 이건 좀 곤란한 것 아닌가 하는 갈등에 맞닥뜨린 것이라고 볼 수 있습니다.

과거의 종교는 도(道,) 부처님(법신불), 자연, 신, 하느님, God, 하나님, 알라, 여호와… 등 나름대로의 표현을 빌려 그들이 신앙하는 궁극적 존재를 표현했습니다. 큰 것(大 자리, 본체)은 밝혔는데, 작은 것(小 자리, 현상)은 제대로 밝히지 않은 것 같습니다.

그래서 둘로 나뉘고 현상적인 것과 현실적인 것은 사소한 것으로 여겨지게 되었습니다. 실체를 모르고 절대적 존재에 대해서만 신심을 바친다면 우리가 딛고 서 있는 이 현실은 늘 보잘 것 없고 하찮은 것으로 남고 말 것입니다.

원불교를 신앙하는 우리들은 어떤가요? 여러분이 축구 선수라면 멋진 골을 성공시키고 나서 누구에게 먼저 감사하고 기도하겠습니까? 법신불님(하나님)이 먼저인가요? 사은님(동료선수들)이 먼저인가요?

수도원과 사찰에선 누굴 만났을까?

– 일원상 신앙 3

수도원과 사찰에선 누굴 만났을까? 깎아지른 절벽 위에 위태롭게 자리한 천년도 더 된 수도원 사진을 보며 한 생각을 했습니다. 수도원은 그 자체로 하늘에 계신 신에게 좀 더 가까이 다가가기 위한 몸부림으로 보였습니다. 수도사들은 과연 그 속에서 누구를 만났을까요?

우리 곁엔 천년 이상의 고찰들도 많이 있습니다. 바위에 굴을 파놓고 정진하던 암자들도 많습니다. 또 불로장생과 신선을 꿈꾸던 도가, 선가의 수행자들은 무엇을 얻었을까 궁금합니다. 이들은 모두 어떤 지존(至尊)들을 모시고 있는지도 궁금합니다. 그런데 사실 가장 궁금한 것은 각 종 각 파에서 만나고자 하고 깨닫고자 하는 지존(至尊)은 그렇게 서로 다른 것일까 하는 의문입니다.

대종사님은 이들 지존의 표현이 하느님, 도, 자연, 진리, 부처님(법신불), 무극 등으로 다를 수 있으나 그 궁극적 실재는 ‘하나’ 여야 한다고 하십니다. 그래서 원불교의 본존(本尊)은 법신불(法身佛) 일원상(一圓相, ○)입니다.

원불교에선 법신불 일원상 앞에서 두 손 모으고 기도를 하면서 신앙의 대상을 부를 때 ‘법신불 사은이시여!’ 라고 합니다. 왜 그럴까요?

일원상〈○〉은 진리의 불교적 표현으로는 법신불(진리불)이지만 그 내용은 사은(천지은, 부모은, 동포은, 법률은)이고, 사은은 곧 우주만유이기 때문입니다.

대종사님은 우리들에게 이렇게 말씀하시는 것 같습니다. ‘아니다, 우리가 결국 만나고 깨달아야 할 지존은 사은(四恩)이시다. 우리가 늘 함께 살아가는 모든 존재가 바로 우리의 지존이시다’ 라고 말입니다.

‘법신불’ 만으론 위태롭습니다. 맹목적 신앙에 떨어질 수 있습니다. ‘법신불 사은’ 의 ‘사은’ 은 불필요한 장식물이 아니라 새 시대를 열어갈 새 종교의 자비 경륜이 담긴 핵심적 가르침인 것입니다.

새싹은 누가 틔우는 건가요?

– 일원상 신앙 4

봄입니다. 나뭇가지에는 물이 오르고 움은 소리 없이 트고 있습니다.

'봄바람은 사(私)가 없이 불어 주지마는 산 나무라야 그 기운을 받아 자라고 …'라는 대종사님의 말씀이 새롭게 다가오는 가운데 이런 생각도 합니다. 새싹은 누가 틔우고, 봄바람은 누가 불리는가? 천지간의 거대한 변화를 가져오는 보이지 않는 손은 누구의 것인지?

학생들은 과학적 지식으로 식물의 생태나 기압의 차이를 이야기 할테지요. 수 천년 전의 사람들은 그들 나름대로의 조물주를 이야기 했겠지요. 누군가는 하느님이라고도 하고 누군가는 부처님이라고도 합니다.

그런데 여기서 '부처님'이라고 함은 당연히 인격체 석가모니 부처님이 아닙니다. 그 분은 팔 십 여년을 살다 열반하신 인격체이기 때문입니다. 그 분이 수 천 년 뒤 바로 지금의 봄바람을 불릴 수는 없기 때문입니다.

여기서 부처님은 '법신불'이라고 합니다. 인격체가 아니라 진리, 이법(理法) 등을 나타내는 것으로 부처님이란 호칭을 붙였을 뿐입니다. 이름이 무엇이든 오늘도 봄바람은 사 없이 불어옵니다. 인간들이 무어라 하든 봄바람은 그냥 불어옵니다.

나무 울타리를 넘고, 시멘트 담장도 소리 없이 넘어서는 봄바람 앞에서 종교의 울타리를 말하는 것은 정말 부질없는 것입니다. 원불교의 '법신불'은 눈에 보이는 부처님이 아닙니다. 봄바람처럼 사 없이 작용하는 보이지 않는 부처님입니다.

대종사님은 그 이름도 거추장스러워서 동그라미 일원상(○)으로 그려주셨지요. 종교간의 서로 다른 표현에 집착할 일도 아니고, 법신불을 말하다 봄바람을 놓쳐서도 곤란합니다. 맑은 봄바람에서 보이지 않으나 분명히 작용하시는 법신불을 보아야겠습니다.

일원상서원문

일원은 언어도단(言語道斷)의 입정처(入定處)이요, 유무초월의 생사문(生死門)인 바, 천지 · 부모 · 동포 · 법률의 본원이요, 제불 · 조사 · 범부 · 중생의 성품으로 능이성 유상(能以成有常)하고 능이성 무상(無常)하여 유상으로 보면 상주불멸로 여여자연(如如自然)하여 무량세계를 전개하였고, 무상으로 보면 우주의 성 · 주 · 괴 · 공(成住壞空)과 만물의 생 · 로 · 병 · 사(生老病死)와 사생(四生)의 심신작용을 따라 육도(六途)로 변화를 시켜 혹은 진급으로 혹은 강급으로 혹은 은생어해(恩生於害)로 혹은 해생어은(害生於恩)으로 이와 같이 무량세계를 전개하였나니, 우리 어리석은 중생은 이 법신불 일원상을 체받아서 심신을 원만하게 수호하는 공부를 하며, 또는 사리를 원만하게 아는 공부를 하며, 또는 심신을 원만하게 사용하는 공부를 지성으로 하여 진급이 되고 은혜는 입을지언정, 강급이 되고 해독은 입지 아니하기로써 일원의 위력을 얻도록까지 서원하고 일원의 체성(體性)에 합하도록까지 서원함.

이 안에 다 있으니…

- 일원상 서원문

사람은 태어나서 1년이 지나도 자력이 생기지 않는 성장이 더딘 동물입니다. 게다가 십 년 넘게 학교를 다니고 집 한 칸을 마련하기 위해서 또 십년 정도 돈을 벌어야 합니다. 직장을 구하기도 어렵고, 맘에 드는 배우자를 만나기도 어렵고, 안정된 생활을 영위하기도 쉽지 않습니다. 하루하루 삶을 꾸려나간다는 것 자체가 버겁고 힘겨운 현실입니다.

삶이 버겁고 힘들 때, 여러 가지 의문이 꼬리를 물 때 일원상서원문을 외워봅니다. 외우면 외울수록 여러 갈래의 문제들이 단순화됨을 느낄 수 있습니다. 내 삶에서 우선해야 할 가치가 무엇인지 자연스럽게 터득하게 됩니다. 고귀한 생명으로, 희유한 인간의 몸으로 태어나서 헛되게 살지 않는 방법이 보이기 시작합니다.

말과 글을 넘어선 지극한 진리에 이르고 싶을 때, 삶과 죽음, 있음과 없음을 넘어서고 싶을 때, 모든 존재의 본원 자리에 들어가 보고 싶을 때, 모든 부처님들, 성현님들, 위대한 스승님들과 보통 사람들이 다르지 않음을 발견하고 싶을 때, 시시각각으로 천만 변화하는 우주만물의 변화의 원리를 알고 싶을 때, 천만 변화 속에서도 변하지 않는 그 무엇을 발견하고 싶을 때, 변화하는 가운데 어떤 것은 진급(進級)하고 어떤 것은 강급(降級)하는지 궁금할 때, 은혜(恩)에서 해(害)가 나오고, 해에서 은혜가 나오는 이치를 알고 싶을 때, 나날이 발전하고 영원히 진급하는 삶을 살고 싶을 때, 해독은 입지 않고 영원히 은혜로운 삶을 살고 싶을 때, 일원상 서원문을 외웁니다.

여기엔 대종사께서 품으셨던 우주와 인생에 대한 고민과 의문이 그대로 담겨있으며 그 해결의 방법도 고스란히 담겨있습니다. 삶의 온갖 문제를 이렇게 축약하셨는지 감탄스럽고, 그 해결 방안을 이렇게 명료하게 풀어주신 데 감사할 뿐입니다.

일원상의 법어

이 원상(圓相)의 진리를 각(覺)하면 시방삼계가 다 오가(吾家)의 소유인 줄을 알며, 또는 우주만물이 이름은 각각 다르나 둘이 아닌 줄을 알며, 또는 제불조사와 범부중생의 성품인 줄을 알며, 또는 생 · 로 · 병 · 사의 이치가 춘 · 하 · 추 · 동과 같이 되는 줄을 알며, 인과보응의 이치가 음양상승(陰陽相勝)과 같이 되는 줄을 알며, 또는 원만구족한 것이며 지공무사한 것인 줄을 알리로다.

○ 이 원상은 눈을 사용할 때에 쓰는 것이니 원만구족한 것이며 지공무사한 것이로다.

○ 이 원상은 귀를 사용할 때에 쓰는 것이니 원만구족한 것이며 지공무사한 것이로다.

○ 이 원상은 코를 사용할 때에 쓰는 것이니 원만구족한 것이며 지공무사한 것이로다.

○ 이 원상은 입을 사용할 때에 쓰는 것이니 원만구족한 것이며 지공무사한 것이로다.

○ 이 원상은 몸을 사용할 때에 쓰는 것이니 원만구족한 것이며 지공무사한 것이로다.

○ 이 원상은 마음을 사용할 때에 쓰는 것이니 원만구족한 것이며 지공무사한 것이로다.

깨달음

– 일원상 법어 1

큰 깨달음, 대각(大覺)의 달 4월에 깨달음에 대한 생각을 합니다. 먹고 살기 바쁜 세상에 무슨 깨달음이냐는 태도도 문제이지만, 깨달음을 신비롭게만 생각해서 어렵고 신비한 길로만 가는 것도 문제입니다.

어린아이들이 말을 배우려고 옹알이를 쉼 없이 하다가 말문이 터집니다. 한글을 모르던 아이가 오랜 노력 끝에 글을 쓰게 됩니다. 먼 길을 돌아다니던 사람이 지름길을 발견하여 쉽게 목적지에 닿습니다. 의사가 난치병의 치료법을 알아냅니다.

저는 이런 모든 것들이 다 넓은 의미의 깨달음에 속한다고 생각합니다. 하지만 이런 여러 가지 깨달음을 궁극적 깨달음이라고 하기엔 뭔가 미흡한 감이 있습니다. 도대체 원불교에선 어떤 것을 깨달음이라고 하는지 궁금한 것이지요.

이것은 어떤 종교의 정체성을 좌우하는 대단히 중요한 부분이라고 생각합니다. 더구나 대종사님은 어떤 깨달음을 얻으시고 어떤 것을 깨달음이라고 인가하셨을까 궁금합니다. 과연 원불교에선 어떤 것을 깨달음이라고 할까요?

정말 다행스럽게도 소태산 대종사님은 아주 명쾌하게 이 부분을 밝혀주고 계십니다. 그 내용이 바로 '일원상 법어' 입니다. 대종사님의 깨달음의 내용도 여기에 있고, 우리 공부인들이 목표로 삼아야 할 내용도 여기에 있습니다.

누군가에게 인가를 받는 깨달음도 의미가 있겠으나, 대종사님은 공부인들이 스스로 자신의 깨달음을 평가할 수 있는 기준을 마련해 주신 것입니다. '법위 등급' 도 해당이 되겠지만 대각의 달 4월에 다시 한 번 깊이 새겨야 할 깨달음의 진면목은 아무래도 '일원상 법어' 인 것 같습니다.

일원상 법어를 읽어보시기 바랍니다. 읽는 것만으로도 깨달음에 한 걸음 성큼 다가설 수 있습니다.

깨달으면 뭐가 달라지나?

– 일원상 법어 2

'이 원상(圓相)의 진리를 각(覺)하면 시방 삼계가 다 오가(吾家)의 소유인 줄을 알며' –어디를 가도 낯설어서 마치 타향살이를 하는 것 같고, 군중 속에서도 늘 고독하고, 내 집 안방에 누워 있어도 마음이 편치 않고, 내 소유물은 현실적으로 점점 늘어나건만 내 마음은 점점 허무해진다면 진리를 깨달은 삶이 아닐 것입니다.

대종사님은 말씀하십니다. 이 둥그런 모양으로 상징한 진리를 깨달으니 우주가 다 우리 집이고 내 소유인 줄 알게 되었다고.

가만히 생각해봅니다. 어디를 가도 우리 집 같이 편안하고, 누구를 만나도 우리 가족 같이 여겨지고, 이 세상의 모든 것들을 내 뜻대로 활용할 수 있는 넉넉하고 풍요로운 삶을 살 수 있다면 얼마나 행복할까 ….

'또는 우주 만물이 이름은 각각 다르나 둘이 아닌 줄을 알며' –무엇을 대하나 서로 다른 것만 눈에 들어온다면 사는 것이 답답하고 고통스러울 것입니다. 며느리와 시어머니는 말이 통하지 않고, 신세대는 앞 세대와 소통하지 못하고, 자본가는 노동자와 늘 이익이 상충하고, 이 종교는 저 종교와 늘 다투기만 하고, 국가들은 서로의 이익 앞에서 총부리를 겨누고, 인간들은 그들의 어머니 대자연을 끝없이 파괴할 것입니다. 이름은 다르지만 둘이 아닌 것을 깨닫지 못한 까닭입니다.

대종사님은 말씀하십니다. 우주 만물이 다른 것은 이름이 다를 뿐이고, 원래는 하나인 줄을 알았다고. 가만히 다짐해봅니다. 이 모든 경계와 수많은 갈등, 곳곳에 도사린 소통의 부재를 극복하려면 진리에 대한 깨달음으로 나아가야 하겠다고.

깨달으면 죽을 수 없으니 …

– 일원상법어 3

'또는 생 · 로 · 병 · 사의 이치가 춘 · 하 · 추 · 동과 같이 되는 줄로 알며…' 라는 대종사님의 말씀을 생각해봅니다.

하루가 다르게 산천이 푸르러집니다. 마당의 느티나무는 아침마다 깜짝 놀라게 잎새를 키워내고 있습니다. 해마다 보는 봄의 풍경이건만 늘 새롭게 느껴지는 것은 무슨 까닭인지 모르겠습니다.

대종사님은 봄 · 여름 · 가을 · 겨울이 순환하는 것과 같이 인간의 생 · 로 · 병 · 사도 마찬가지라고 말씀하십니다. 진리를 깨닫고 나니 그와 같음을 알게 되었다고 말씀하십니다.

'사람의 생사는 비하건대 눈을 떴다 감았다 하는 것과도 같고, 숨을 들이 쉬었다가 내쉬었다가 하는 것과도 같고, 잠이 들었다 깼다 하는 것과도 같나니… 생사가 원래 둘이 아니요 생멸이 원래 없는지라, 깨친 사람은 이를 변화로 알고 깨치지 못한 사람은 이를 생사라 하나니라.' (천도품8장)

깨달으면 인생을 아무렇게나 살 수 없습니다. 눈보라 맞으며 새 봄을 준비하는 겨울나무와 같이 우리 인간도 죽음 앞에서 다음 생을 준비하지 않을 수 없습니다.

'저 해가 오늘 비록 서천에 진다 할지라도 내일 다시 동천에 솟아오르는 것과 같이, 만물이 이 생에 비록 죽어간다 할지라도 죽을 때에 떠나는 그 영식이 다시 이 세상에 새 몸을 받아 나타나게 되나니라.' (천도품9장)

끝없이 변화할 뿐이라는 것을 깨달으니 죽을래야 죽을 수 없게 되는 것이지요. 병들고 늙어가는 것에도 마음을 편히 하고, 죽음 앞에서도 초연하고자 하지만 쉽지 않습니다. 그렇게 할 수 있는 힘은 다른 것에서가 아니라 바로 진리에 대한 깨달음에서 나오겠지요.

소리 없이 사시사철 순환하는 가운데 무한한 신비로움을 보여주는 천지님 같이 우리도 생로병사의 순환 속에서 잘 사는 일만 남았을 뿐입니다. 영원히 살 수 밖에 없으니까요.

인과는 믿음이 아니니

일원상 법어 4

'인과보응의 이치가 음양상승(陰陽相勝)과 같이 되는 줄을 알며…'

어둠이 있으니 밝음이 있고, 밝음이 있으니 어둠이 있습니다. 밝음이 클수록 그 그림자는 짙습니다. 어둠과 밝음은 서로 밀고 당기며 하나입니다. 여자가 있으니 남자가 있고, 남자가 있으니 여자가 있습니다. 가는 것이 있으니 오는 것이 있고, 머묾이 있으니 움직임이 있습니다. 여름에 에어컨을 틀어서 방안이 시원해지면 바깥은 더워지고 있는 것입니다.

태극기를 유심히 보면 태극 문양의 음이 움직이면 양도 움직이게 되어있고, 양이 음을 밀면 음 또한 양의 꽁무니를 밀게 되어 있습니다. 호리도 틀림이 없는 인과의 진리를 상징하고 있습니다.

‘인과(因果)’는 주로 불가에서, ‘음양(陰陽)’이란 말은 주로 유가에서 쓰는 말입니다. 그런데 대종사님은 진리를 깨달으면 인과보응의 이치가 음양상승(陰陽相勝)과 같이 되는 줄을 알게 된다고 하시며 인과를 음양으로 설명하십니다. 세상 모든 것을 음(−)과 양(+)으로 본 유가적 사상으로 불교적 진리를 풀이하신 것입니다.

‘침대는 가구가 아닙니다. 과학입니다’라는 광고 문구가 유행했던 때가 있습니다. 과학적으로 만들어진 침대가 가구라는 것을 강조하려고 했던 광고라고 생각합니다.

인과는 주로 ‘믿는 것’으로 인식되어져 왔습니다. ‘믿으면 좋은’ 종교적 교리 정도로 말입니다. 그런데 대종사님께서 깨달음을 얻고 나시니 이 인과의 이치가 단순히 믿어야 하는 종교적 도그마이기 이전에 움직일 수 없는 엄연한 사실이고 근본적 진리임을 알게 되신 것 같습니다.

추측컨대 대종사님은 인과의 이치를 ‘과학’이라고 표현하고 싶지 않으셨을까 하고 감히 생각해보았습니다.

불만 제로

– 일원상 법어 5

'원만구족(圓滿具足)한 것이며 지공무사(至公無私)한 것인 줄을 알리로다.'

여기서도 불만, 저기서도 불만인 삶이 있습니다. 음식하나를 먹어도 투정을 하고 날씨를 보면서도 투덜투덜하는 삶이 있습니다. 옆 사람들의 단점만 보고 자신의 단점만 보는 삶이 있습니다.

늘 사랑에 목말라하면서도 정작 누군가를 사랑하지는 않고, 자신도 사랑하지 않는 삶이 있습니다. 가난하면 가난해서, 부자면 부자라서 불만인 삶이 있습니다. 늘 허무하다고 하고 늘 배고프다고 합니다. 알고보면 사실 자신에게 늘 불만인 삶입니다.

진리를 깨달으면 불만이 없어집니다. 이 세상이 모두 내 집이니 얼마나 부자입니까? 이 세상 만물이 모두 친숙한 한 집안 한 가족이니 얼마나 편안합니까?

내 목숨이 우주와 함께 한다는 것을 알았으니 넉넉하고 넉넉합니다. 늙어서 병들어 죽는다 해도 두려울 것 없고 억울할 것 없습니다. 천지님도 성주괴공으로 변화하시니 말입니다.

깨달으면 무엇보다도 내가 달리 보입니다. 내 안에 성자혼이 살아 숨쉬는 것을 느끼게 됩니다. 내 자신이 절대 못나지 않았음을 알게 되고, 나만 그런 것이 아니라 우리 모두가 그러하니 내가 잘났다고 뽐낼 일도 없습니다.

세상이 변하고 내가 변화하는 인과의 이치, 음양상승의 이치를 알았으니 두려울 것도 없고, 포기할 일도 없고, 비탄에 빠질 일도 없습니다. 더이상 구걸할 것도 없고 더이상 목말라할 일도 없습니다. 만족스럽고 만족스러울 뿐입니다. 불만이 있다면 오직 깨달음에 대한 갈증 뿐.

나 없는 사랑

– 일원상 법어 6

'원만구족한 것이며 지공무사(至公無私)한 것인 줄을 알리로다.'

'지공무사(至公無私)' – 지극히 공변되어서 내가 없다는 말씀을 음미합니다.

젊은 엄마가 아이와 함께 기차를 탑니다. 아이의 재롱을 보려고 아이를 어르는데 아이의 재롱보다 젊은 엄마의 재롱이 더 볼만합니다. 한참 깔끔을 떨만한 젊은 나이의 여자가 도무지 체면을 돌보지 않습니다. 자기를 잊은 듯합니다. 무아지경(無我之境)이라고나 할까…, 아이에 대한 사랑 때문입니다.

자녀들의 행복을 위해 모든 것을 쏟아 붓는 부모님들 모습에서 '나 없는 사랑'을 봅니다. 하지만 모든 사랑이 그렇게

나 없는 사랑인지는 의심스러울 때가 있습니다. 사랑을 하면 내가 사라지는 것인지, 내가 사라져야 진정한 사랑을 하게 되는지 앞뒤를 알 수는 없습니다. 다만 분명한 것은 나에 대한 집착은 없어야 한다는 것입니다.

'개인 사(私)' 는 '사특할 사(邪)' 로도 통할 수 있습니다. 나에 대한 집착은 바름(正)이 아니라 그름(邪)으로 이어집니다.

부모님은 흔히 집안에 계신 부처님이라고 합니다. 그 사랑의 범위가 자식과 가정에 국한되지 않고 온 세상을 향해 열려 간다면 바로 부처님의 나 없는 사랑, 대자대비, 지공무사로 통할 것입니다.

지공무사는 내가 손해 보는 사랑이 아닙니다. 자리이타(自利利他)의 이익 극대화입니다. 나를 사랑하는 것과 남을 사랑하는 것이 둘이 아니기 때문입니다. 다만 불보살님들은 이것이 현실적으로 힘들 때 자해타리(自害他利)의 길을 갈 뿐입니다. 물에 빠진 자식을 구하는 부모의 심정으로. 사랑, 자비, 은혜… 표현의 차이일 뿐입니다. 흔하디 흔한 사랑의 시대에 우리의 사랑을 뒤돌아봅니다.

일원상 귀걸이, 마음걸이

– 일원상법어 7

많은 사람들이 자동차에 십자가나 염주 등을 달고 있습니다. 물론 원불교인들은 일원상이나 법문이 새겨진 상징물을 달고 다닙니다. 안전을 기원하고자 달고 다니는 것일 텐데 교통법규를 어기며 운전을 하는 사람들을 보면 '차라리 그런 것을 달고 다니지나 말지' 하면서 실없는 웃음을 짓게 됩니다.

자신의 삶과 동떨어진 종교적 상징물이란 그 흔한 장식물과 다를 것이 무언가 하는 생각을 하면서도, 그렇게라도 해서 신앙과 수행을 지켜나가고자 하는 마음은 아름답고 숭고해 보입니다.

요즘 신심 깊은 파주교당 교도님이 금과 은으로 만든 일원상 목걸이를 제작해서 판매한다는 광고를 보면서 많은 교도님들이 이 목걸이를 사서 목에 걸고 다녔으면 하는 바람을 해보기도 했습니다.

교전을 보면 '일원상 법어' 끝 부분에 6개의 일원상이 그려져 있고 그 원상 옆에 '이 원상은 눈을 사용할 때에 쓰는 것이니 원만구족한 것이며 지공무사한 것이로다.' 라고 씌어있고, 이어서 귀, 코, 입, 몸, 마음을 쓸 때에 사용하는 것이라고 일일이 씌어져 있습니다.

왜 이렇게 일일이 써주시고, 그려주셨을까? 다시 한 번 생각하게 됩니다. 진리를 멀리 있는 것으로 생각하지 말고, 내 눈 한 번 깜박거리고, 내 입을 한 번 열고 닫을 때마다 원만구족하고 지공무사하게 작용하라는 말씀이라고 생각합니다.

일거수 일투족, 마음 한 번 내고 들이는 것을 떠나서 진리 생활이 따로 있는 것이 아니라는 깨달음에 함께 해야겠습니다. 도움이 된다면 눈에는 일원상 눈걸이, 코에는 일원상 코걸이…, 마음에는 일원상 마음걸이(?)를 부적처럼 지니고 다녀야겠지요. 육근(안 · 이 · 비 · 설 · 신 · 의)동작이 모두 진리와 하나 될 때까지.

어른께 인사 잘하는 집

– 가정봉불

교무님들의 출가동기를 듣다보면 가슴 찡해지는 사연들이 많습니다. 그 가운데서도 가끔 이런 이야기를 듣습니다.

"새벽 잠결에 하루도 빠지지 않고 법신불 일원상 앞에서 기도하시던 어머니의 독경 소리가 나를 출가의 길로 이끈 것 같습니다 …"

듣는 것만으로도 마음이 맑아지는 이야기입니다.

각 가정의 아버지와 어머니들에게 부탁드리고 싶습니다. 진정 가정의 평화와 행복을 원한다면 법신불 일원상 앞에, 진리 부처님 앞에 늘 머리 숙여 인사하고 기도하십시다.

자녀들은 부모님들에게 "학교 다녀오겠습니다"라고 인사

합니다. 그런데 정작 부모님들은 누구에게 인사를 하시나요?

다시 한 번 생각해봅니다. 우리 집의 제일 윗어른은 누구신가요? 아버지도 어머니도 제일 높은 윗어른의 자리에 있으면 안됩니다. 우리 가정의 가장 윗어른은 법신불 일원상이어야 합니다.

신앙과 수행의 표준인 둥그런 일원상을 가정의 중심에 모셔야 합니다. 부모님들이 먼저 일원상 앞에 머리 숙여 기도하고 절해야 합니다. 이 작은 실천이 상상할 수 없는 위대한 결과를 가져옵니다.

정당한 권위마저 찾아보기 힘든 이 시절에 우리 집이 혹시 윗어른을 모시지 않는 버릇없는 집안은 아닌지 돌아보아야겠습니다. 나는 우주의 부모님에게 불효하면서 자식들에게는 효도할 것을 강요하는 앞뒤가 맞지 않는 사람은 아닌지 돌아보아야겠습니다. 가정 봉불을 하지 않으신 분들은 서두르시기 바랍니다. 윗어른을 모시고 인사 잘하는 집을 만들어봅시다.

게송

유(有)는 무(無)로 무는 유로 돌고돌아 지극(至極)하면

유와 무가 구공(俱空)이나 구공 역시 구족(具足)이라.

엄마!

– 게송

어린 아이가 엄마와 즐겁게 놀고 있습니다. 엄마가 화장실에 갑니다. 화장실 문을 닫자 아이는 '엄마!' 하고 울기 시작합니다. 아이는 엄마가 없어진 것으로 안 모양입니다. 어른들은 문 저 편에 엄마가 있는지 알지만, 아이는 보이지 않는 엄마를 없어졌다고 생각합니다. 보이지 않는 엄마는 있는 것인가요? 없는 것인가요?

수 억 년 전의 공룡들은 다 어디로 갔을까요? 우리의 할아버지, 할머니들은 모두 어디로 돌아가셨을까요? 너른 들판의 푸르름은 어디서 와서 어디로 가는 것일까요? 영원한 사랑을 맹세한 연인들의 사랑이 시드는 까닭은 무엇일까요? 수 만 광년 멀리 있는 별의 존재는 있는 것일까요? 없는 것일까요?

현대 양자 물리학에선 물질의 최소 단위를 추적해 가다가 있다고도 할 수 없고, 없다고도 할 수 없는 미지의 세계로 들어가고 있습니다. 이 세상의 모든 있음(有)은 결국 없음(無)으로 돌아갑니다. 그렇다면 당연히 이 세상의 모든 없음(無) 또한 있음(有)으로 돌아갈 것입니다.

'유'는 영원한 '유'가 아니고, '무'는 영원한 '무'가 아닙니다. 이름하여 '유'와 '무'가 있을 뿐, 눈에 보이는 것만을 '유'라고 할 수 없습니다. 안 보인다고 해서 '무'라고 할 수도 없습니다.

밥 먹고 물 마시는 동안에도 '나'라는 존재는 과연 유인지 무인지 물어보고, 내 마음은 유와 무에 집착하는지, 유무를 초월하고 있는지 묻고 또 물어야 하겠습니다.

대종사님이 당신의 깨달음을 짧게 노래하신 이 게송의 깊은 뜻을 다 알기는 쉽지 않습니다. 다만 이런 근본적인 물음을 쉬지 않는 것이 나와 세상의 본래 모습을 깨닫는 지름길임은 분명합니다.

딱딱한 마음

- 사은 1

살아있는 것은 부드럽습니다. 죽는다는 것은 딱딱하게 굳어가는 과정인지도 모릅니다. 딱딱한 손보다는 부드러운 손이 더 많은 것을 느낍니다. 마음 역시 마찬가지입니다. 돌처럼 딱딱한 마음으로는 부드러운 봄바람을 느낄 수 없고, 조급한 마음으로는 어린 아이의 느린 걸음마를 제대로 느낄 수 없습니다. 무엇으로 가득 찬 마음으로는 다른 사람의 마음을 느낄 수 없습니다.

무언가를 느낄 수 있다는 것은 행복한 일입니다. 슬픔을 느껴서 불행한 것이 아닙니다. 느껴야 할 슬픔을 못 느끼는 것이 더 큰 불행일 것입니다. 차가움을 느낄 수 있으면 따뜻함도 느낄 수 있습니다. 차가우면 차갑다고, 따뜻하면 따뜻하다고 느낄 수 있는 것, 내 존재의 온전함을 증명하는 크나큰 행복입니다.

좌선을 하고, 기도를 하고, 경전을 읽고… 여러 가지 마음공부를 합니다. 이 모두가 '잘 느끼는 마음'을 회복하려는 공부와 다르지 않습니다.

조미료에 길들여진 내 입맛을 의심하듯이, 저는 오늘도 내 마음을 의심합니다. 내가 느끼고 알아차리는 것이 과연 맞는 것인가? 하고. 차가움도 예민하게 알아차리고, 미세한 따뜻함도 예민하게 알아차리는 마음은, 차가운 마음도 아니고, 따뜻한 마음도 아닙니다. 차가움에도 따뜻함에도 물들지 않은 그저 순수하고 예민한 마음일 뿐입니다.

왜 자꾸 이런 순수한 마음, 잘 느끼는 마음을 이야기 하는지 궁금하신가요? '은혜'를 공부하기 전에… 우리의 마음이 은혜를 느낄 만한 마음인지 한 번 만져보고 싶어서입니다. 돌처럼 딱딱한지, 봄바람처럼 부드러운지….

오늘 법신불 사은님의 목소리가 들리는 듯 합니다.

"은혜의 세계로 들어오시려구요? … 가진 것 모두 내려놓고 부드러운 마음, 잘 느끼는 마음으로 오시면 됩니다."

가장 위대한 발견

– 사은 2

세상에는 숱한 발명과 발견이 있습니다. 둘이 서로 다르다고 하지만 제 생각에 발명의 어머니는 발견인 것 같습니다. 새롭게 찾아내고, 새롭게 볼 줄 알아야 그 다음에 새로운 발명도 가능하다고 봅니다. 허공에 존재하는 전기를 발견한 다음에 전기를 이용한 다양한 발명이 가능한 것처럼 말입니다.

대산(大山) 종사님은 인류구원을 위한 두 가지 발견이 있었다고 말씀하십니다. 하나는 부처님께서 마음을 발견하여 주신 것이고, 또 하나는 대종사님께서 은(恩)을 발견하여 주신 것이라고…. 안으로는 자기의 마음을 보라는 뜻이고, 밖으로는 은(恩)을 발견하라는 뜻이라고 말씀하십니다. 이 세상 모든 존재가 '서로 없어서는 살지 못할 관계'로 맺어져 있다는 것을 발견하라는 것이지요.

대종사님의 위대한 발견은 사실 새로운 존재의 발견은 아닙니다. 어쩌면 그것은 '관점(觀點)의 발견(發見)'에 가깝습니다. 세상을 보는 새로운 관점을 발견하신 것이지요. 사과 한 알을 보면서도 한 사람은 먹을 궁리를 하고, 다른 한 사람은 팔아서 돈 벌 궁리를 하고, 또 다른 사람은 만유인력을 발견하듯이, 보는 사람의 관점에 따라 서로 다른 결과가 나옵니다.

대종사님께선 우리들에게 새로운 관점을 제시하고 계십니다. '은혜'의 관점은 부처님과 대종사님의 관점이고, 상생의 관점입니다. 새로운 관점만으로도 우리들 삶이 변화합니다. 세상을 은혜롭게 보는 것만으로도 우리 삶이 은혜로워집니다.

과연 그런지 내 관점을 돌아볼 필요가 있습니다. 안으로 내 마음을 보고, 밖으로는 은혜를 발견하는 것. 가장 위대한 발견입니다. 발견으로부터 무한한 발명이 뒤를 잇는 것처럼, 은혜의 발견은 무한한 복락을 가져다 줄 것입니다.

가슴 벅찬 신앙체험

- 사은 3

대종사님이 나타나지 않으셔도, 하느님의 계시가 없어도, 주문으로 병을 고치지 않아도, 물 위를 걷는 이적이 없어도, 철야 기도를 하지 않아도…, 그래도 됩니다. 맑은 공기와 빗줄기에 감사하며, 늘 만나는 부모님께 감사하며, 빨간 신호등에 진심으로 감사할 줄 안다면…. 이것만으로도 훌륭한 신앙입니다.

대종사님은 우리와 서로 '없어서는 살지 못할 관계'인 우주만물을 네 가지로 묶어서 이름 하셨습니다. 천지은(天地恩)! 부모은(父母恩)! 동포은(同胞恩)! 법률은(法律恩)!

하늘을 보나 땅을 보나 모든 것이 다 소중하고 은혜롭습니다. 낳아주시고 길러주신 과거 · 현재 · 미래의 부모님께 감사합니다. 한 생명으로 늘 도와주시는 동포님께 감사합니다. 우리 삶이 바른 길로 가도록 이끌어주시는 법률님 은혜에 감사합니다. 모두 다 은혜이니 감사하고 감사합니다.

은혜가 바로 원불교의 신앙이니, 은혜의 발견은 신앙의 씨앗이요, 감사와 보은은 신앙의 꽃이고 열매입니다. 무덤덤하게 먹던 밥 한 숟가락의 은혜에 눈물 흘릴 때 내 삶은 비로소 새롭게 태어납니다.

그동안 못 느꼈던 은혜를 느끼며 맛보는 가슴 벅찬 감동, 무한한 은혜에 보은하며 살 수 밖에 없다는 깨달음보다 더한 신앙체험이 있을까요? 사은님께, 우주만물 부처님을 위해 흘리는 보은의 땀방울보다 아름다운 신앙의 결정체가 어디 있을까요?

은혜를 느끼며 감사하며 만나는 세상은 새로운 세상입니다. 새로운 나와 새로운 세상을 만나는 기쁨에 가슴이 벅찹니다. 은혜가 부처님이고, 보은이 곧 불공이니, 불국토와 광대무량한 낙원세계가 눈앞에 전개됩니다. 나날이 행복합니다. 원불교인의 신앙체험입니다.

천벌 받지 마세요

– 사은 4

대종사님과 제자가 시골 길을 가는 중이었습니다. 제자가 길섶의 벌집을 잘못 건드려 벌에 쏘였습니다. 아파하는 제자에게 대종사님은 웃으시면서 "네가 천벌 받았다"라고 하셨답니다. 벌(蜂)에 쐰 것을 천벌(天罰)로 표현하신 대종사님의 표현이 재밌으면서도 의미심장 합니다.

이 이야기는 늘 뵙고 싶은, 열반에 드신 용타원 서대인 종사님께서 직접 해주신 말씀입니다. 두고두고 그 의미를 생각하게 하는 말씀입니다.

대종사님은 '법신불 사은이 우리에게 죄주고 복 주는 증거는 아무리 어리석은 사람이라도 자상히 설명하여 주면 알기도 쉽고 믿기도 쉬울 줄로 생각한다' 고 하셨습니다.(교의품10장)

벌 한 마리, 뱀 한 마리도 모두 은혜이고, 사은님이십니다. 이 세상의 모든 존재는 우리에게 복 주고 벌을 주는 위력과 능력이 있습니다. 그런데도 우리는 자칫 복을 지을 자리에 죄의 씨앗을 뿌려 벌을 받곤 합니다.

같은 말 한 마디를 해도 어떤 사람은 상대방의 마음을 움직여서 도와주고 싶은 마음이 나도록 하는 사람이 있는가하면, 어떤 사람은 오히려 정을 떨어지게 하는 사람이 있습니다.

천벌이 멀리 있는 것이 아니고, 내 운명을 좌우하는 주인공이 먼 곳에 있는 것이 아닙니다. 지금 나를 둘러싸고 있는 모든 존재들이 다 나의 운명을 좌우하는 법신불 사은님이십니다. 말 한 마디 조심하는 것이 수행이고, 그 원인과 결과를 믿는 것이 신앙이고, 그렇게 되는 원리를 깨닫는 것이 깨달음입니다.

내 마음과 몸을 어떻게 사용하며 사느냐에 따라 천벌을 받을 수도 있고, 천복을 받을 수도 있습니다. 사은님을 알아가는 길은 이 세상이 바로 복의 밭(福田)임을 깨달아 가는 길입니다. 이 길이 행복의 길입니다.

사은

천지은 : 우리가 천지에서 입은 은혜를 가장 쉽게 알고자 할진대 먼저 마땅히 천지가 없어도 이 존재를 보전하여 살 수 있을 것인가 하고 생각해 볼 것이니, 그런다면 아무리 천치(天痴)요 하우자(下愚者)라도 천지 없어서는 살지 못할 것을 다 인증할 것이다. 없어서는 살지 못할 관계가 있다면 그 같이 큰 은혜가 또 어디 있으리요. 대범, 천지에는 도(道)와 덕(德)이 있으니, 우주의 대기(大機)가 자동적으로 운행하는 것은 천지의 도요, 그 도가 행함에 따라 나타나는 결과는 천지의 덕이라, 천지의 도는 지극히 밝은 것이며, 지극히 정성한 것이며, 지극히 공정한 것이며, 순리 자연한 것이며, 광대무량한 것이며, 영원불멸한 것이며, 길흉이 없는 것이며, 응용에 무념(無念)한 것이니, 만물은 이 대도가 유행되어 대덕이 나타나는 가운데 그 생명을 지속하며 그 형각(形殼)을 보존하나니라.

부모은 : 우리가 부모에게서 입은 은혜를 가장 쉽게 알고자 할진대, 먼저 마땅히 부모가 아니어도 이 몸을 세상에 나타내게 되었으며, 설사 나타났더라도 자력(自力)없는 몸으로서 저절로 장양될 수 있었을 것인가 하고 생각해 볼 것이니, 그런다면 누구나 그렇지 못할 것은 다 인증할 것이다. 부모가 아니면 이 몸을 나타내지 못하고 장양되지 못한다면 그 같이 큰 은혜가 또 어디 있으리요. 대범, 사람의 생사라 하는 것은 자연의 공도요 천지의 조화라 할 것이지마는, 무자력할 때에 생육(生育)하여 주신 대은과 인도의 대의를 가르쳐 주심은 곧 부모 피은이니라.

동포은 : 우리가 동포에게서 입은 은혜를 가장 쉽게 알고자 할진대 먼저 마땅히 사람도 없고 금수도 없고 초목도 없는 곳에서 나 혼자라도 살 수 있을 것인가 하고 생각해 볼 것이니, 그런다면 누구나 살지 못할 것은 다 인증할 것이다. 만일, 동포의 도움이 없이, 동포의 의지가 없이, 동포의 공급이 없이는 살 수 없다면 그 같이 큰 은혜가 또 어디 있으리요. 대범, 이 세상은 사 · 농 · 공 · 상(士農工商)의 네 가지 생활 강령이 있고, 사람들은 그 강령 직업 하에서 활동하여, 각자의 소득으로 천만 물질을 서로 교환할 때에 오직 자리이타(自利利他)로써 서로 도움이 되고 피은이 되었나니라.

법률은 : 우리가 법률에서 입은 은혜를 가장 쉽게 알고자 할진대, 개인에 있어서 수신하는 법률과, 가정에 있어서 제가(齊家)하는 법률과, 사회에 있어서 사회 다스리는 법률과, 국가에 있어서 국가 다스리는 법률과, 세계에 있어서 세계 다스리는 법률이 없고도 안녕 질서를 유지하고 살 수 있겠는가 생각해 볼 것이니, 그런다면 누구나 살 수 없다는 것은 다 인증할 것이다. 없어서는 살 수 없다면 그 같이 큰 은혜가 또 어디 있으리요. 대범, 법률이라 하는 것은 인도 정의의 공정한 법칙을 이름이니, 인도 정의의 공정한 법칙은 개인에 비치면 개인이 도움을 얻을 것이요, 가정에 비치면 가정이 도움을 얻을 것이요, 사회에 비치면 사회가 도움을 얻을 것이요, 국가에 비치면 국가가 도움을 얻을 것이요, 세계에 비치면 세계가 도움을 얻을 것이니라.

너무 흔한가?

– 천지은

하늘과 땅, 해와 달, 바람, 구름, 비, 이슬 … , 우리가 오기 전부터 있었고, 우리가 간 다음에도 있을 것입니다. 천지님 없이 한 순간도 살 수 없건만 너무나 당연하고, 너무나 흔한 존재라서 그 고마움을 잊고 사는가 봅니다.

사람은 음식을 먹지 못하고도 수 십 일을 버티곤 합니다. 그런데 그 흔한 물을 먹지 않고는 며칠 밖에 버티지 못하고, 가장 흔한 공기 없이는 몇 분도 버티지 못합니다. 가장 흔한 공기가 가장 고마운 은혜인데 우리가 느끼기엔 그저 '공짜' 일 수 있습니다.

흔하면 흔한 만큼 가치가 적다고 느끼는 인간들의 계산법은 사실 어리석기 짝이 없는 계산법입니다. 현대인들은 한

줄기의 맑은 물과 공기가 얼마나 소중한 것인지 온갖 질병과 환경오염으로 고통을 받고 나서야 새롭게 깨닫습니다.

천지님은 말없이 가장 많은 것을 베풀어주시는 우리들의 어버이십니다. 대가를 바라지 않고 주고 또 주고, 오직 베풀어 주실 뿐입니다. 말없이 주셔서 그 은혜를 깨닫지 못하고, 너무 흔해서 고마움을 잊고 산다면 이는 중생의 삶이고, 배은자의 삶이고, 신앙이 없는 삶입니다.

같은 하늘 아래, 같은 땅 위에 살면서, 같은 공기를 숨쉬고, 같은 비와 바람을 맞으며 사는 우리들이 그 고마움을 느끼지 못한다면 이와 같은 비극이 어디 있겠습니까? 한 부모님에서 태어난 자식들이 부모를 나 몰라라 하는 것과 다르지 않습니다. 안타까운 일입니다.

특별하지 않고, 너무 흔하고, 너무나 당연하고, 늘 함께 있어서 발견하기 쉽지 않고, 절실하게 느끼기 힘든 은혜! 바로 천지님 은혜입니다. 하지만 그렇기에 그 누구도 느끼지 않을 수 없고, 그 누구도 믿지 않을 수 없는 은혜, 천지님 은혜입니다.

니들이나 잘 살아라

– 부모은

세상에 태어난 사람 가운데 부모 없는 사람은 없습니다. 내 생명을 만드셨고, 아무 힘없는 나를 길러주시고, 사람이 가야할 마땅한 길을 알려주셨습니다. 법당에 모셔진 부처님이 나를 직접 낳아주신 것도 아니고, 나를 직접 길러주신 것도 아닙니다.

끝없는 자비로, 대가를 바라지 않는 사랑으로 길러주시고 가르쳐주신 부모님들은 가장 가까이 계시는 부처님이시고, 하느님이십니다. 그런데도 우리는 흐르는 물처럼 아래로 아래로 소리 없이 흐르는 내리 사랑에 익숙해져서 나중에 철이 들어서야 만시지탄(晩時之歎)의 눈물을 흘리는지도 모릅니다.

명절이나 어떤 기념일에 선물이라도 챙기면 어르신들은

그러십니다. "니들이나 잘 살아라, 그게 효하는 것이다."라고. 어려서는 잘 몰랐는데 요즘 생각해보니 정말 그렇겠다는 생각이 듭니다. 자신보다 더 소중한 자식들이 훌륭하게 자라서 행복하게 사는 것을 보는 것 만큼 기쁜 것이 무엇이겠습니까?

"니들이나 잘 살아라"라고 하시니 나부터 잘 살아야겠는데 어떻게 해야 잘사는 것인지….

대종사님께서는 공부의 요도 삼학팔조(마음공부)와 인생의 요도 사은사요(보은불공)를 빠짐없이 밟으라고 하십니다. 그리고 타인의 부모라도 무자력한 분들을 위해 보은하라고 하십니다. 현재의 내 부모님만이 아니라 과거 · 현재 · 미래의 모든 부모님들께 보은하라는 말씀이십니다.

내가 아프면 부모님이 더 아파하십니다. 내가 불행하면 부모님이 더 불행해지십니다. 내가 반듯하게 잘 사는 것이 중요합니다. 그리고 부모님으로부터 받은 은혜를 세상의 모든 이들에게 돌려드리는 것이 진정한 효일 것입니다. 나와 내 부모님, 우리 모두가 영원히 행복해지는 길입니다.

나도 이롭고 너도 이롭고

– 동포은

'우리가 동포에게서 입은 은혜를 가장 쉽게 알고자 할진대 먼저 마땅히 사람도 없고 금수도 없고 초목도 없는 곳에서 나 혼자라도 살 수 있을 것인가 하고 생각해 볼 것이니…' 라고 대종사님은 동포은을 말씀하십니다.

우리는 정말 동포의 도움 없이 살 수 없습니다. 먹는 것, 입는 것, 집, 자동차, 컴퓨터…, 모두 동포님의 땀으로 된 것입니다. 그리고 가만히 생각해보면 외로워서도 못살 것 같습니다. 아무도 없다고 생각해 보십시오. 굶어 죽기 전에 외로워서 죽을 것 같습니다.

이렇게 소중한 동포님들에게 보은하는 길은 '자리이타(自利利他)' 입니다. 서로 공정한 자리에서 서로 이롭게 돕고 살라고 하십니다. 나만 이로워도 안 되고, 너만 이로워도 그건 아니라고 하십니다. 사 · 농 · 공 · 상 간에도 서로 이롭게, 부자와 가난한 사람 사이도 서로 이롭게, 사람과 동물, 식물 사이도 서로 이롭게 살았으면 좋겠습니다. 그것이 대종사님 꿈꾸시는 사랑의 기술, 사랑의 원리입니다.

표현은 쉬우나 구체적 상황에서 답을 찾기란 쉽지 않을 수 있습니다. 하지만 우리가 실천만 한다면, '자리이타에서 감화를 받은 모든 동포가 서로 사랑하고 즐거워하여, 나 자신도 옹호와 우대를 받을 것이요, 개인과 개인끼리 사랑할 것이요, 가정과 가정끼리 친목할 것이요, 국가와 국가끼리 평화하여 결국 상상하지 못할 이상의 세계가 될 것' 이라고 사랑과 평화의 광경을 펼쳐 보이십니다.

서로에게 상처를 입히거나, 한 쪽의 희생을 강요하는 사랑이 아니라, 서로에게 이로운 지혜로운 사랑의 기술, 평화의 기술이 여기에 있습니다. 앞으로의 사랑은 '자리이타' 입니다. 이것이 바로 사랑과 평화, 그리고 행복의 길입니다.

고마운 딱지

– 법률은

자동차 운전을 하다가 '딱지'를 떼입니다. 흔히 '딱지'라고 하는 범칙금고지서입니다. 사소한 부주의로 아차! 하는 순간에 교통경찰이 앞에 딱 하고 버티고 서 있으면 '아! 재수없네' 하고 차를 세우곤 합니다. 국도를 가면 수많은 신호등이, 고속도로를 가면 무인카메라가, 학교 앞을 지나가면 과속 방지턱이 갈 길을 방해합니다.

하지만 가만히 생각해보면, 은혜의 관점으로 보면 이 모든 것들은 고마운 은혜입니다. 신호등과 무인카메라, 과속 방지턱이 있어서 우리의 갈 길을 안전하게 갈 수 있습니다. 멈출 때 멈추고, 속도를 줄일 때 줄이고, 지킬 것은 지켜야 우리가 갈 길을 제대로 갈 수 있으니 모두 고마운 은혜이지요. 당연히

'재수 없어' 보이는 딱지도 '정말 고마운' 딱지입니다.

대종사님은 개인, 가정, 사회, 국가, 세계에 두루 필요한 '인도정의의 공정한 법칙'을 '법률은'에서의 '법률'로 정의해 주셨습니다. 실정법만이 아니라, 우리가 마땅히 가야할 길을 의미하는 것이니, 여러 성자, 부처님들의 가르침이 모두 커다란 법률의 은혜인 것입니다.

주위를 봅니다. 개인, 가정, 사회, 국가, 세계가 어지럽고 혼란스럽다면 법률 보은을 제대로 하지 못해서 그런 것입니다. 내가 오늘도 가야할 길을 제대로 가고 있는지, 가지 말아야 할 길을 가고 있지는 않은지 돌아보는 것, 바로 법률 보은의 첫걸음입니다.

법률은을 아는 우리들은 앞으로 길을 가다가 딱지를 떼이면 '고맙습니다' 하고 인사할 일입니다. 그리고 나서 천천히 지킬 것은 지켜가며 갈 길을 가면 그 뿐. 행복은 그 여정에 있을 것입니다.

사이좋恩

- 은혜의 신앙 1

원불교를 신앙하는 것은 은혜로운 삶을 산다는 것입니다. 모든 존재들이 서로 '없어서는 살지 못할 관계'로 맺어져 있음을 잊지 않고 사는 것입니다.

그러니, 부부사이에 불화하고, 형제 사이에 친목하지 못하고, 시어머니와 며느리 사이에 불화한다면 은혜로운 삶과는 거리가 멉니다. 가정에서 가족들과 사이가 좋지 않고, 직장에선 동료들과 사이가 좋지 않다면 이 사람의 삶은 행복할 수 없습니다.

우리에겐 아주 큰 어리석음이 있습니다. 관계개선을 하지 않고 불행에서 벗어나려고 하는 어리석음입니다.

대부분의 불행이 인간관계에서 비롯하는데 그 인간관계

는 그대로 두고 불행만을 치유하려고 합니다. 이는 인과의 원리에 맞지 않습니다.

무인도에 살게 되면 인간을 못 견디게 그리워하지만, 인간관계를 시작하면 다시 그 관계 속에서 상처를 주고 받으며 괴로워합니다. '사람人', '사이間' 두 글자로 이뤄진 인간이란 말뜻은 곱씹을 필요가 있습니다.

은혜의 가르침을 생각하면 할수록 '사이'(관계)를 다시 생각하게 됩니다. 사람과 사람 사이, 사람과 동물 사이, 사람과 자연 사이…, 수많은 '사이'를 생각합니다. 이 '사이'를 얼마나 은혜롭게 가꿀 수 있는가에 따라 우리 삶의 행, 불행이 좌우될 것입니다.

부처님을 믿든, 하느님을 믿든, 법신불 사은님을 믿든 간에 사이좋은 인간관계를 하지 못하고, 모든 존재와 사이좋은 관계를 맺지 못한다면 우리의 신앙은 재고되어야 마땅합니다. 그리고 결국 우리는 모두가 하나인, 사이 없는(無間한) 세계로 나아가야 할 것입니다. 사이좋은 삶! 행복한 삶입니다.

나는 누구인가?

– 은혜의 신앙 2

어떤 상상을 해봅니다.

흔히 생각하는 '나' 로부터 무언가를 덜어내 봅니다. 먼저 집을 덜어내고, 옷을 덜어냅니다.

더위와 추위가 걱정입니다. 여태까지 몸을 위해 먹었던 수많은 음식들을 덜어냅니다. 생명이 함께 덜어질 것입니다.

수 십 년을 배워온 예의 염치와 지식들을 덜어냅니다. 동물들과 다르지 않은 존재로 돌아갑니다.

젖먹이 시절로 돌아가 다시 엄마의 젖도 덜어냅니다. 어머니 뱃속에서는 탯줄로 들어오는 영양분도 덜어냅니다. 어머니의 난자와 아버지의 정자를 덜어냅니다. '나' 라는 존재로부터 이제 더 이상 덜어낼 것이 없는 것 같습니다.

이제 덜어낸 그 자리엔 무엇이 남아 있으며, 이 때 나는 도대체 누구입니까?

'나' 라는 존재는 원래 비어 있습니다. 비어 있는 나를 채워준 것은 무량한 은혜입니다. 그러니 '나는 곧 은혜' 입니다.

내가 먼저 존재하고 나에게 고마운 존재들을 선별적으로 은혜라고 인식하는 것이 아니라 내 존재 자체가 그대로 은혜입니다.

지금의 이 모습으로 존재하는 '나' 는 영원하지 않습니다. 나를 고집하고 내 것을 고집하는 것, 부질없는 일입니다. 그리고 이런 고집은 한 번도 성공한 적이 없습니다. 결국은 고통과 후회 속에서 은혜의 품으로 돌아갈 뿐입니다.

마음이 '거짓 나' 로 가득하다면 천지에 가득한 은혜도 보이지 않습니다. 거짓 나를 비우면 한량없는 은혜가 빛납니다. 무량한 은혜가 참 나이고, 은혜를 느끼는 내가 참 나입니다.

사요

자력양성 : 자력이 없는 어린이가 되든지, 노혼(老昏)한 늙은이가 되든지, 어찌할 수 없는 병든 이가 되든지 하면이어니와, 그렇지 아니한 바에는 자력을 공부삼아 양성하여 사람으로서 면할 수 없는 자기의 의무와 책임을 다하는 동시에, 힘 미치는 대로는 자력 없는 사람에게 보호를 주자는 것이니라.

지자본위 : 지자는 우자(愚者)를 가르치고 우자는 지자에게 배우는 것이 원칙적으로 당연한 일이니, 어떠한 처지에 있든지 배울 것을 구할 때에는 불합리한 차별 제도에 끌릴 것이 아니라 오직 구하는 사람의 목적만 달하자는 것이니라.

타자녀교육 : 교육의 기관이 편소하거나 그 정신이 자타의 국한을

벗어나지 못하고 보면 세상의 문명이 지체되므로, 교육의 기관을 확장하고 자타의 국한을 벗어나, 모든 후진을 두루 교육함으로써 세상의 문명을 촉진시키고 일체 동포가 다같이 낙원의 생활을 하자는 것이니라.

공도자숭배 : 세계에서 공도자 숭배를 극진히 하면 세계를 위하는 공도자가 많이 날 것이요, 국가에서 공도자 숭배를 극진히 하면 국가를 위하는 공도자가 많이 날 것이요, 사회나 종교계에서 공도자 숭배를 극진히 하면 사회나 종교를 위하는 공도자가 많이 날 것이니, 우리는 세계나 국가나 사회나 교단을 위하여 여러 방면으로 공헌한 사람들을 그 공적에 따라 자녀가 부모에게 하는 도리로써 숭배하자는 것이며, 우리 각자도 그 공도 정신을 체 받아서 공도를 위하여 활동하자는 것이니라.

내 힘만큼 행복하다

– 자력양성

텔레비전 리모콘(원격조정기)을 놓는 위치는 대개 정해져 있습니다. 텔레비전 옆이나 의자 근처입니다.그런데 어떤 사람은 일부러 리모콘을 문 옆과 같이 먼 곳에 놓는답니다. 조금이라도 더 몸을 움직이기 위해서 랍니다. 통증치료 권위자의 이야기입니다. 현대인들이 몸을 너무나 움직이지 않아서 많은 병이 생기기 때문에 조금이라도 더 움직이도록 생활을 바꿔야 한다고 설명합니다. 대종사님께서는 세상이 살기 좋은 낙원세상이 되려면 좀 더 평등한 세상이 되어야 한다고 하십니다. 그러기 위해선 자신의 힘을 키워야 한다고 하십니다. 의뢰생활을 하지 말고 자신의 힘을 기르고 독립적으로 살라고 하십니다.

과거의 여자들이 어려서는 부모에게, 결혼 후에는 남편

에게, 늙어서는 자녀에게 의지하고 살고, 배우지도 못하고, 재산에 대한 상속권도 얻지 못하고 살아온 모습에 대해 안타까워하시며 남녀차별을 없애야 한다고 하십니다.

남녀 모두 직업에 종사하여 생활에 자유를 얻어야 하고 가정이나 국가에 대한 의무와 책임을 동등하게 해야 한다고 하십니다. 장자(長子)와 차자(次子)의 불합리한 차별도 없애라고 하십니다. 살기 좋은 낙원세상을 만들려면 우리 모두 최선을 다해 자신의 힘을 기르고 힘 미치는 대로 자력없는 사람을 보호하자고 하십니다. 의뢰생활은 당장은 달콤합니다. 하지만 결국 무력해지고 불행에 빠지게 됩니다. 자력을 양성하는 것은 당장은 괴롭고 힘듭니다. 하지만 결국 자유롭고 행복하게 됩니다.

그래서 대종사님은 '자력을 공부삼아 양성' 하라고 하십니다. 어떻게 하면 땀 흘리지 않고 편하게 살 것인가, 어떻게 하면 손쉽게 내 이익을 극대화할 것인가를 고민하는 현대인의 삶은 위태롭습니다. 누군가를 이기기 위해서 내 힘을 기르는 것이 아니라 온전한 나를 완성하기 위해서 공부심으로 자력을 양성해야겠습니다. 행복한 낙원세상이 거기에 있습니다.

대종사님의 유일한 차별?

– 지자본위

양반집 자손은 양반이고 상놈의 자식은 상놈이었습니다. 홍길동과 같은 서자는 아버지를 아버지라고 부르지 못했습니다. 나이가 적다는 것만으로도 불이익을 받았습니다. 여자라는 이유만으로 차별대우를 받았습니다. 피부가 검다고 노랗다고 차별을 받았습니다. 대종사님께서 지적하신 '차별' 입니다. 점잖게 표현해서 '차별' 입니다. 지금도 지구상에선 인종이 다르다고, 종교가 다르다고, 정치적 신념이 다르다고 생명을 앗아가는 학살이 자행되고 있습니다. 이 차별은 현재 진행형이고 이것들에 그치지 않고 아주 다양한 차별을 새끼치고 있습니다.

국가가 다르다고, 남과 북이 다르다고, 동과 서가 다르다고, 강남과 강북이 다르다고, 아파트 평수가 다르다고, 자가용 배기량이 다르다고, 사용하는 말이 다르다고 다양한 차별이 빚어지고 있습니다. 이래서야 어떻게 낙원세상을 이룰 수 있겠습니까? 이 부당한 차별들을 타파하지 않고는 행복한 세상을 만들 수 없기 때문에 대종사님은 '사요'를 말씀하시고 계신 것입니다. 사요로 세상을 평등하게 골라맞게 하자고 하십니다. 그렇게 하는 것이 불공이요 신앙이라고 하십니다.

그리고 여기 '지자본위'에선 모든 차별을 없애되 지자를 본위로 하자고 하십니다. 모든 면에서 나보다 지혜로운 사람을 스승으로 모시고 늘 배우자고 하십니다. 솔성의 도와 인사의 덕행은 물론, 정사(政事), 생활에 대한 지식, 학문과 기술, 기타 모든 상식이 자기 이상이 되고 보면 스승으로 알라고 하십니다. 배우는 데 있어서는 좋은 의미의 차별이 필요하다고 하십니다.

나는 과연 어떤 사람인지 돌아봅니다. 나보다 나이가 적다, 학벌이 낮다, 못산다, 여자라는 이유로 이리저리 배움의 기회를 피해가는 사람인지, 체면을 불고하고 누구에게든지 배우는 사람인지…. 누구든지 내 스승님으로 알고 배우며 살 때 내 지혜와 행복의 크기도 점점 커질 것입니다.

너나없이 널리 배우는 세상
– 타자녀교육

'나의 교법 가운데 일원을 종지로 한 교리의 대강령인 삼학 팔조와 사은 등은 어느 시대 어느 국가를 막론하고 다시 변경할 수 없으나, 그 밖의 세목이나 제도는 그 시대와 그 국가에 적당하도록 혹 변경할 수 있' 다고 대종사님은 말씀하십니다.(대종경 부촉품16장) 원불교의 중요한 교리인 '사요' 는 변경 가능하다고 보신 것입니다. 일점일획도 고칠 수 없는 그런 교리가 아니라 시대와 인심, 상황에 따라 바꿀 수 있는 교리로 보신 것입니다. 어쩌면 그 시대의 과제, 역사적 과제를 사요에 담았다고도 할 수 있겠습니다. 타자녀교육에서는 불평등한 교육에 대해서 언급하고 계십니다. 사회와 국가의 교육에 대한 무관심과 여건의 미비 그리고 내 자식과 네 자식의 국한을 벗어나지 못해서 빚어지는 교육의 불평등 현상에 대해 답답한 마음을 표현하고 계십니다. 대종사님께서는 '교육의 기관을 확장하고 자타의 국한을 벗어나, 모든 후진을 두루 교육함으로써 세상의 문명을 촉진시키고 일체동포가 다같이 낙원의 생활을 하자' 고 말씀하십니다. 교육 없이는 문명도 불가능하고 문명의 발달 없이는 낙원도 불가능하다고 보신 것입니다.

우리나라는 선진국의 대열에 들어섰다고 합니다. 하지만 아직도 안타까운 모습들이 많습니다. 등록금을 마련하지 못해서 입학을 포기하는 학생. 자녀의 학비를 마련하지 못해서 고통 받는 부모님들. 수백만원짜리 과외를 받는 학생들이 있는가 하면 밤새워 아르바이트를 하는 학생들도 있습니다.

김밥을 팔아서 번 돈을 모아 학교에 기부하는 어르신들의 아름다운 모습 뒤에는 평생 배우지 못한 설움이 긴 그림자로 드리워져 있습니다. 신분의 차별이 없어진 자리에 가진 자와 못 가진 자의 깊은 차별이 교육의 불평등을 낳고 있습니다. 낙원 세상 이루려면 해야 할 일이 아직도 많습니다. 그 일을 함께 하자고 대종사님께서 우리에게 말씀하고 계십니다.

내가 숭배하는 것

– 공도자숭배

내가 살아가면서 무엇을 숭배하는지 자문해 봅니다. '숭배'라는 단어가 너무 거창하게 느껴진다면 '소중하게 여기는 것'이나 '가치 있게 여기는 것' 정도로 바꿔서 생각해도 되겠습니다.

나뿐만이 아니라 이 시대를 살아가는 우리가 숭배하는 것은 무엇일까요? 간단히 대답하기 힘들지만 이 세상이 돌아가는 품새를 보면 얼추 알 수 있습니다. 아마도 '물질적 풍요로움'이 아닐까 생각합니다.

그렇지 않고서야 지구의 생태계가 파괴되어도 아랑곳하지 않고 어찌 개발을 할 수 있으며, 수많은 전쟁을 할 수 있으며, 돈 때문에 흉악한 범죄를 저지를 수 있겠습니까? 문명이 발달할수록 이 세상이 살기 좋은 낙원세상이 되는 것이 아니라 점점 살기 괴로운 곳으로 변하고 있다면, 분명 우리가 숭배하는, 가치 있다고 여기는 그 무엇에 문제가 있는 것 아닐까요? 돈 앞에 굽신거리지 않는 사람이 드물고, 권력 앞에 엎드리지 않는 사람 또한 드물고, 사사로운 욕심에 눈멀지 않기 어렵다면, 이 세상은 더욱더 그런 세상이 되어갈 것입니다.

온 재산을 털고, 생명을 바쳐 독립운동을 한 독립운동가의 자손들은 학교도 제대로 다니지 못하고 가난을 대물림하는데, 매국노의 자손들은 부귀를 대물림하며 외국 유학을 가고 있다면 이 세상은 평등세상도 아니고 낙원세상도 아닙니다.

누군가 말하죠. 일인당 국민소득이 높아져야 잘 살게 된다고. 하지만 과연 그럴까요? 개인과 가정을 벗어나 사회, 국가, 세계, 종교를 위해 공헌하는 사람이 많아야 낙원세상을 이룰 수 있다는 대종사님 말씀을 깊이 새겨봐야겠습니다.

우리들 각자가 보이지 않는 마음속에서 무엇을 소중하게 여기느냐에 따라 이 세상은 변해갑니다. 대의를 위해 인류를 위해 헌신한 분들 앞에 머리를 조아리는 삶이 필요한 때입니다.

일원상의 수행

일원상의 진리를 신앙하는 동시에 수행의 표본을 삼아서 일원상과 같이 원만구족(圓滿具足)하고 지공무사(至公無私)한 각자의 마음을 알자는 것이며, 또는 일원상과 같이 원만구족하고 지공무사한 각자의 마음을 양성하자는 것이며, 또는 일원상과 같이 원만구족하고 지공무사한 각자의 마음을 사용하자는 것이 곧 일원상의 수행이니라.

믿으면 다 된다고?

일원상 수행 1

믿으면 다 된다는 종교가 있습니다. 믿음 없는 종교를 생각하기 어렵습니다. 믿음은 기본이어서 어떤 것에든 가장 기본이 되는 요소입니다. 그러나 믿음만으로 다 되는 것은 아닙니다.

듣기에 간단 명쾌하기 때문에 저도 이 말을 하고 싶은 유혹을 느낍니다. '믿기만 하면 다 된다' 라고. 그러나 그것은 반쪽의 진실입니다.

원불교는 오랜 세월 정성스럽게 땀 흘려 노력해야 하는 종교입니다. 단, 믿고 땀 흘려 노력하기 시작하면 반드시 즉각적으로 변화를 체험할 수 있습니다. 신앙은 수행으로 증명되어야 하고, 수행은 신앙의 밑받침 없이 이뤄질 수 없습니다. 수행은 자신의 변화를 위한 노력입니다.

두 부류의 사람이 있습니다. 자신의 변화를 위해 땀 흘리는 사람과, 자신의 변화를 위해 땀 흘리지 않는 사람입니다. 자신의 변화를 위해 진한 땀을 흘려본 사람만이 그 변화의 어려움을 압니다. 늦잠 자는 사람이 아침에 일찍 일어나는 것, 밥을 소리 내지 않고 조용히 먹는 것, 짜증을 내지 않는 것, 규칙적으로 운동을 하는 것 ….

사소해 보이지만 결코 쉽지 않은 일입니다. 해본 사람은 압니다. 또한 뿌듯한 성취의 기쁨과 경이로운 변화의 경지를 맛보는 일도 당연히 땀 흘려 노력한 사람들만의 몫입니다. 결심하고 시작하는 사람에겐 처음엔 고통이 밀려오다가 서서히 기쁨이 찾아올 것입니다.

게으르게 멈춰있는 사람에겐 나른한 행복이 얼마간 지속되겠지만 서서히 고통이 찾아올 것입니다. 나 자신을 바람직한 나로 변화시키려는 노력이 수행입니다. 나의 변화와 발전을 꿈꾸는 사람은 이미 수행자입니다. 어느 편에 설까요? 선택은 내 마음에 달렸습니다.

태권도 학원보다도

– 일원상 수행 2

유리창을 닦습니다. 물걸레로 닦고 마른 걸레로 다시 닦습니다. 무심히 닦고 있는 손을 자세히 보고 있으면 생각보다 아주 여러 번 닦고 있음을 발견할 수 있습니다.

마음과 몸을 닦아내는 수행도 이와 다르지 않습니다. 닦고 또 닦는 것처럼, 하고 또 하는 것이 중요합니다. 하면 된다는 믿음에 바탕하여 끝없이 행하는 정성이 중요합니다.

그런데 원불교를 신앙하고 수행한다는 우리 자신의 모습을 보면 좀 걱정스러울 때가 있습니다. 일주일에 한 번 오는 법회도 종종 결석하는 정도의 정성심으로는 수행의 결과를 보기 힘들겠다는 생각이 듭니다.

초등학생들은 태권도 학원(도장)을 많이 다닙니다. 학교에 다녀와서 몸이 피곤해도 컴퓨터 게임을 하고 싶어도 꾹 참고 학원에 갑니다. 훈련과 캠프를 가고 중간 중간 심사를 봅니다. 그렇게 족히 1년 넘게 열심히 다녀야 비로소 검은띠를 맬 수 있습니다.

어린 학생들이 멋있게 발차기를 하고 송판을 보란 듯이 격파하는 것은 그냥 되는 것이 결코 아닙니다. 눈으로 보는 것과 실제로 하는 것은 전혀 다르고, 머릿속으로 아는 것과 실제로 하는 것은 전혀 다른 것입니다. 너무 단순하고 우스운 비교인지 모르나 우리 수행인들의 정성스러움을 생각하면서 자주 드는 생각입니다.

우리들의 수행이 태권도 학원을 다니는 어린 학생들보다는 나아야겠지요. 부처의 인격을 이룬다, 마음의 자유를 얻는다, 죄복을 임의로 한다는 거창한 서원을 말하면서도 실제로 행하는 정성이 보잘 것 없다면 앞뒤가 맞지 않습니다. 마음이 게을러지면 태권도 다니는 어린 학생들 생각이라도 해 볼 일입니다.

수행은 왜 하나?

– 일원상 수행 3

많은 사람들이 원불교 수행법에는 없는 것이 많다고 불만을 말합니다. 전문적으로 호흡하는 법이 없다고 하고, 전문적인 요가 방법도 없다고 합니다. 신비체험도 없다고 불평합니다. 그렇습니다. 대체로 맞는 말입니다.

원불교는 이 세상의 모든 수행법을 모은 종합참고서가 아닙니다. 원불교는 나름대로의 세계관과 인간관이 있고 그에 따른 수행관이 있습니다.

대종사님은 말씀하십니다. '수도인이 구하는 바는, 마음을 알아서 마음의 자유를 얻자는 것이며, 생사의 원리를 알아서 생사는 초월하자는 것이며, 죄복의 이치를 알아서 죄복을 임의로 하자는 것이니라' (요훈품4장) 라고.

대종사님께서는 우리 수행자들의 목표를 명확히 표현해 주셨습니다. 이 목표를 달성하기 위해서 필요한 것을 수행법으로 밝혀주신 것이지요.

따라서 대종사님의 수행법에 없는 것이 있다고 하더라도 그것은 원불교 수행법의 부족함이나 불완전함을 뜻하는 것이 아닙니다. 완전한 인격을 갖추기 위해, 인생의 목적을 달성하기 위해 반드시 필요한 방법들을 밝혀주신 것입니다.

원불교엔 신선이 되는 방법이 없습니다. 원불교엔 밤낮없이 좌선만 하는 사람을 위한 수행법도 없습니다. 원불교엔 이산도수(移山渡水)를 위한 수행법도 없습니다. 없는 것이 참 많습니다. 아니, 정확히 이야기하자면 없는 것이 아니라, 구하지 않는 것이겠지요.

원불교에서는 원불교 수행을 통해서 얻고자 하는 것이 따로 있습니다. 이 목적에 공감해야 수행의 길을 떠날 수 있는 것입니다. 해본 사람은 알게 됩니다. 대종사님께서 얼마나 긴요하고 위대한 수행법을 내어주셨는지 말입니다.

수행의 기본

– 일원상 수행 4

건강을 생각하는 사람이 운동을 시작합니다. 하지만 생각대로 운동이 되는 것은 아닙니다. 처음엔 대단히 귀찮기 때문입니다. 처음엔 오히려 근육통과 몸살에 시달릴 수 있습니다. 평소에 쓰지 않던 근육을 쓰기 때문입니다.

경기를 즐기고 싶지만 지루한 기본기 연습만 계속됩니다. 더구나 체력이 모자라면 기본기 전에 체력부터 보강해야 합니다. 코치는 말하죠. 기본기를 익히지 않고 게임만 즐기면 나중에 전혀 발전이 없다고….

게으름을 이겨내고 하루하루 운동을 하다보면 어느 날 알게 됩니다. 힘들던 운동이 쉬워지고 힘겹게 넘던 산을 쉽게 넘고 있음을….

꾸준히 기본기를 다지고 체력을 다진 사람은 고난도의 동작도 해내면서 어려운 경기도 이겨냅니다. 운동의 필요성을 절실히 느낀 사람이나 운동선수는 시키지 않아도 알아서 운동을 합니다. 그 단계는 되어야 기본이 되었다고 할 수 있습니다.

수행 또한 운동과 별반 다르지 않습니다. 지루한 듯하지만 스승님의 가르침대로 꾸준히 기본을 다지지 않고서는 진정한 수행의 재미를 맛볼 수 없습니다. 힘들어도 꾸준히 노력하는 훈련의 일정 기간이 있어야 합니다. 기본을 닦지 않고서는 온갖 경계, 상황 속에서 제대로 삶을 살 수 없습니다. 기본기 없이 경기에 나선 선수와 다르지 않습니다.

온갖 경계 속에서도 공부길을 잃지 않고 마음공부의 재미를 맛보는 단계까지는 가야 기본을 갖췄다고 할 수 있고, 한 고비를 넘겼다고 할 수 있을 것입니다. 이 고비를 넘어서면 나도 어제의 내가 아니고 세상도 어제의 그 세상이 아닐 것입니다.

삼학

정신수양 : 정신이라 함은 마음이 두렷하고 고요하여 분별성과 주착심이 없는 경지를 이름이요, 수양이라 함은 안으로 분별성과 주착심을 없이하며 밖으로 산란하게 하는 경계에 끌리지 아니하여 두렷하고 고요한 정신을 양성함을 이름이니라.

사리연구 : 사(事)라 함은 인간의 시비이해(是非利害)를 이름이요, 이(理)라 함은 곧 천조(天造)의 대소유무(大小有無)를 이름이니, 대(大)라 함은 우주 만유의 본체를 이름이요, 소(小)라 함은 만상이 형형 색색으로 구별되어 있음을 이름이요, 유무라 함은 천지의 춘 · 하 · 추 · 동 사시순환과, 풍 · 운 · 우 · 로 · 상 · 설(風雲雨露霜雪)과 만물의 생 · 로 · 병 · 사와, 흥 · 망 · 성 · 쇠의 변태를 이름이며, 연구라 함은 사리를 연마하고 궁구함을 이름이니라.

작업취사 : 작업이라 함은 무슨 일에나 안 · 이 · 비 · 설 · 신 · 의(眼耳鼻舌身意) 육근을 작용함을 이름이요, 취사라 함은 정의는 취하고 불의는 버림을 이름이니라.

건널목에서 누구나 하는 공부
– 삼학 1

38도선 이북에 자리한 전곡을 왕래하자면 경원선 기차를 이용합니다. 이 경원선 건널목마다 이렇게 씌어진 표지판이 세워져 있습니다. '위험! 철도 건널목. 멈추자! 살피자! 건너자!'

우리 공부법인 정신수양, 사리연구, 작업취사 공부가 쉽게 표현된 내용입니다. 대종사님께서는 '온전한 생각으로 취사하자' 고 간단히 표현하시기도 합니다. 사실 이는 누구나 하고 있는 공부입니다.

콩나물을 사는 새댁도 이 콩나물을 살까 저 콩나물을 살까, 멈춰서 곰곰이 생각한 다음 지갑을 엽니다. 박찬호 선수도 여러 구질 가운데 어떤 공을 던져야 할까 곰곰이 생각하며 신중하게 던집니다. 순간순간 현명한 판단을 한 다음 실행을 합니다. 어린아이도 대통령도 마찬가지입니다.

결정하기 힘들 때 마음을 가라앉히고 현명한 판단으로 결정을 하려고 합니다. 여기서 마음을 가라앉히고 마음을 비우고 하는 것은 '정신수양' 이라고 할 수 있고, 지혜를 모으고 현명하게 생각하는 것은 '사리연구' 라고 할 수 있으며, 결정하고 실행하는 것은 '작업취사' 라고 할 수 있습니다. 인생은 수많은 결정의 집합체입니다.

내가 오늘 내리는 수많은 선택과 결정으로 내 인생이 결정됩니다. 경원선의 건널목은 몇 개 되지 않지만 인생의 건널목은 헤아릴 수 없습니다. 건널목 마다 멈춰서 살피고 건너야 합니다.

간단한 가르침이지만 이 가르침을 따르지 않아서 건널목에선 사고가 나고, 삶에선 실수와 실패가 거듭되고 있습니다. 정신 차려서 경계마다 온전한 생각으로 취사해야 합니다. 누구나 하는 공부이지만 누구나 잘 하지는 않습니다. 이 공부 잘 하라고 대종사님께서 우리 곁에 오셨습니다.

군대서 총 쏠 때

– 삼학 2

군대에서 제일 강조하는 것이 사격, 총 쏘는 것입니다.

사격의 첫 번째는 호흡을 고르는 일입니다. 호흡을 고르지 않으면 과녁을 조준할 수도 없고 방아쇠를 당길 수도 없습니다. 두 번째는 조준입니다. 내가 쏘고자 하는 과녁을 잘 보고 내 호흡과 방아쇠를 당길 때의 미세한 떨림, 바람의 세기까지 염두에 두고 조준을 하는 것입니다. 세 번째는 방아쇠를 당기는 것입니다. 아무리 호흡을 고르고 조준을 잘 했어도 단호하고 신속하게 격발하지 못하면 또 다시 호흡이 흐트러지고 맙니다. 너무나 간단해서 누구나 총을 잘 쏠 것 같지만 결과는 천차만별입니다.

군인들의 총 쏘기와 마음공부는 비슷합니다. 과녁이 흔

들린다고 생각하는 군인이 없듯이 우리도 세상을 탓하기 전에 내 호흡을 돌아보고 내 마음의 요란함을 다스리는 공부를 우선 해야 할 것입니다. 정신수양(精神修養) 공부입니다.

군인들이 가끔 옆 사람 과녁에 총을 쏘아서 자기는 영점을 맞는 경우가 있듯이 사리분별을 잘 하지 않으면 다른 모든 노력들이 물거품이 되고 맙니다. 내가 어리석은 판단을 하지 않도록 지혜를 발하는 공부가 필요합니다. 사리연구(事理研究) 공부입니다.

옆 사람 총소리에 놀라 격발을 하거나 겁이 나서 방아쇠를 당기지 못하는 군인처럼 살아서는 곤란합니다. 정의는 취하고 불의는 버리며, 실행해야 할 때 실행하는 공부, 작업취사(作業取捨) 공부입니다.

인류의 위대한 수행법 삼학(三學)수행에 대해 건널목 건너기나 군인들 총 쏘기와 같은 비근한 예를 들고 있습니다. 천릿길도 한 걸음부터라는 말과 같이 수행의 시작이 중요하다고 생각하기 때문입니다.

아! 정신없다

– 정신수양 1

우리들은 참으로 바쁘게 삽니다. 눈을 떠서 화장실 가고 아침 챙겨 먹고 출근 준비하는 것도 바쁘다 못해 정신이 없습니다. 어린 학생들도 등교 준비하는 것을 보면 정신이 없습니다. 직장을 가진 여성들의 생활은 더 정신없이 바쁘게 마련입니다.

텔레비전 화면은 시청자의 눈길을 사로잡기 위해 기를 쓰고 있습니다. 세상엔 온갖 선전물이 넘쳐나고 상품을 사지 않으면 큰일 날 것처럼 별별 노력을 다 합니다.

한 쪽에선 세계 최고 수준의 온라인 게임이 개발되고 있고 다른 한 쪽에선 몇날 며칠씩 날을 새며 그 게임을 하다가 죽는 사람까지 나오고 있습니다. 석유 또는 종교적 신념 때문에 피비린내 나는 전쟁이 일어나고 있습니다. 제 정신이라고 하기가 어렵습니다.

좀 과장되게 표현하자면, 정신없이 공부하고, 정신없이 일하고, 정신없이 돈 벌고, 정신없이 소비하고, 정신없이 경쟁하고 투쟁하지 않으면 살 수 없는 세상이 되어버린 듯 합니다.

우리 마음은 끝없이 이익과 손해를 저울질 하고, 아름다운 것과 추한 것, 재미있는 것과 재미없는 것, 귀한 것과 천한 것을 저울질 하며, 그 가운데 좀 더 나은 것을 소유하기 위해 예의와 염치를 생각하지 않고 집착하게 됩니다.

세상에 자기 욕심이 채워지지 않아서 자살을 하는 동물은 사람 밖에 없습니다. 하지만 아쉽게도 그 욕심은 자꾸만 커져가고 있는 것 같습니다. 내가 '정신없이' 산다는 것은 내 삶의 주인공이 내가 아니라는 것과 같습니다.

세상이 나를 정신없게 만든다고 탓하기 전에 '나부터 정신 차리고' 살아야겠습니다. 혼탁한 정신이 아니라 맑은 정신으로 살아야 대종사님 말씀하신 '자주력(自主力)'을 얻어 내가 내 삶의 주인이 되는 삶을 살 수 있을 것입니다.

딱하다, 스스로 시끄럽게 만들면서

– 정신수양 2

마음이 요란하다고 하는 사람들을 보면서 대종사님은 어떤 생각을 하셨을까요? 대종경 수행품 2장의 말씀을 참고해보기로 합니다.

'공부인이 동(動)하고 정(靜)하는 두 사이에 수양력(修養力) 얻는 빠른 방법' 으로 네 가지를 말씀하셨는데 그 첫째로 '모든 일을 작용할 때에 나의 정신을 시끄럽게 하고 정신을 빼앗아 갈 일을 짓지 말며 또는 그와 같은 경계를 멀리 할 것' 을 꼽으십니다.

대종사님께서 우리들을 보시면서 '참으로 딱하구나 사는 모습들이, 아니 제 스스로 정신을 시끄럽게 하는 일을 만들고, 제 스스로 정신을 빼앗아 갈 일을 지은 다음에 스스로 괴롭다고 하는구나…' 라고 말씀하시는 것 같습니다.

정말 가만히 생각해보니 그렇습니다. 작은 물건이라도 남의 물건을 훔치고 나서 마음이 편안하기를 바란다면 그야말로 도둑의 심보일 것입니다. 괜한 일로 싸움을 하면서 마음이 고요하기를 바랄 수는 없습니다. 거짓말을 하면서 마음이 개운하기를 바라는 것도 앞뒤가 맞지 않습니다. 마음이 요란하다고 괴로워 할 것이 아니라 작은 물건이라도 훔치지 말고, 괜한 싸움을 하지 않을 일입니다.

진정으로 '마음이 두렷하고 고요하여 분별성과 주착심이 없는 경지' 인 온전한 '정신' 으로 살고 싶다면, 우리가 먼저 해야 할 일은 무언가를 '하는' 것이 아니라, 무언가를 '하지 않는' 것 이라고 대종사님께서 가르쳐주고 계십니다.

뿌린 대로 거두는 것이 인과의 원리이니, 정신의 시끄러움 또한 원인이 있을 것이고, 그 가운데 내가 저지른 원인이 있다면 내가 그 원인을 제거하면 됩니다. 정신의 시끄러움을 미리 막아내자는 것입니다. 정신수양의 첫 번째 방법입니다.

콜라 또는 생수

– 정신수양 3

'콜라' 라는 상품은 생각하면 생각할수록 이해하기 어려운 물건입니다. 물은 맑은 것이 상식인데 이 콜라라는 물건은 일단 색깔이 까맣습니다. 그런데도 맛있게 잘 마십니다. 더구나 너무 많이 들어간 설탕 때문에 건강에 해롭다는 것을 잘 알면서도 돈 주고 잘 마십니다.

오늘도 멋진 모델들이 광고 속에서 콜라를 마시라고 유혹합니다. 그 광고 어디에서도 콜라의 유익함을 말하지 않습니다. 하지만 오늘도 엄청난 콜라가 소비되고 있습니다. 톡! 쏘는 짜릿함과 진한 달콤함이 건강을 이기고 있는 것이지요.

우리가 사는 시대는 어쩌면 콜라와 같은 시대인지도 모릅니다. 없던 욕구도 만들어내고, 자극을 극대화시키는 시대!

담담함을 못 견디는 시대!

대종사님은 수양력을 얻는 두 번째 방법으로 '모든 사물을 접응할 때에 애착 탐착을 두지 말며 항상 담담한 맛을 길들일 것이요' 라고 가르쳐주십니다.(대종경 수행품 2장) 콜라 맛에 길들여진 관점으로 보면 시대를 역행하는 맛없는(?) 말씀입니다. 온갖 쾌락적 자극이 범람하는 시대 속에서 '담담한' 삶을 살라고 하시니….

하지만 진정 삶을 사랑한다면 이제 그만 콜라는 놓고 담담한 생수를 마시라고 하십니다. 지나치게 자극적인 것들이 몸을 상하듯이, 애착과 탐착은 정신을 병들게 한다고 걱정하십니다. 내 삶의 중심, 내 정신의 중심을 어떻게 잡을 것인지 생각해보라고 하시는 것 같습니다.

'있음' 을 넘어 '없음' 을 보고, '채움' 을 지나 '비움' 을 알아야겠습니다. 몸의 건강을 위해 톡 쏘는 콜라의 자극을 멀리하듯이, 천만경계 속에서도 담담한 맛을 길들이는 가운데 우리 정신의 건강을 회복해야겠습니다.

여기만 보십시오

– 정신수양 4

지금 이 글을 읽고 계신 독자님! 시선을 고정하시고 열심히 이 글을 읽으십시오. 이 글이 좋은 글이라서가 아닙니다. 이 글에 집중을 못하면 다른 것에도 집중을 못하고 결국 인생에도 집중을 못할 수 있기 때문입니다. 이 글을 슬쩍 훑어서 읽으려고 한다면 슬쩍 훑어 읽으시면 됩니다. 꼼꼼히 읽으려고 유념하셨다면 꼼꼼히 읽으시면 됩니다.

그러나 눈은 이 글을 읽고 있으면서 머리 속에는 잡념이 우글우글하다면 이 순간을 놓치는 것이고, 이 글을 놓치는 것이고, 내 삶을 놓치는 것입니다. 이렇게 말씀드리는 이유는 대종사님께서 말씀하신 '공부인이 동하고 정하는 두 사이에 수양력 얻는 빠른 방법' 의 하나로 해주신 말씀 때문입니다.

'이 일을 할 때에 저 일에 끌리지 말고 저 일을 할 때에 이 일에 끌리지 말아서 오직 그 일 그 일에 일심만 얻도록 할 것이요….' 다른 데 정신을 팔지 말라는 말씀입니다.

우리는 수많은 일을 하면서 사는데, 일꾼은 일의 결과를 얻는데 만족하겠지만 공부인, 수행자는 일을 통해 또 다른 것을 얻습니다. 일심(一心)입니다. 여기까지 일심으로 읽으셨다면 대종사님 말씀과 하나가 되신 것입니다. 글을 읽으시면서 정신수양을 하신 것입니다.

이 글이 끝나 갑니다. 여러분께서는 이제 곧 다른 것을 읽으시거나 다른 일을 하실 것입니다. 또 다시 그 일에 온전한 마음으로 임해 일심을 얻으시면 됩니다. 이렇게 일을 하면 할수록 수양력은 자꾸 커질 것입니다.

이제 또 다른 일심으로 옮겨가시기 바랍니다. 일심, 수양력은 누가 가져다주는 것이 아니라 내가 얻는 것입니다. 세상만사 속에서.

잘 쉼

– 정신수양 5

언젠가 여가에 관한 강의 중 노교수님 말씀, '혼자서 잘 쉬는 사람은 대단한 경지에 오른 사람이다.' 자신도 가장 자신 없는 것이 혼자서 잘 쉬는 것이라는 말도 덧붙였습니다.

'웰빙'과 '여가', '주5일제' 라는 단어가 유행하고 있습니다. 모두가 '쉼', '휴식'과 밀접히 연결되어 있습니다. 과로로 지친 현대인들은 편안한 휴식을 간절히 원합니다. 원기회복을 간절히 원합니다.

그런데 잘 쉬는 것은 생각보다 쉽지 않습니다. '월요병'이라는 단어가 이를 증명합니다. 개운해지는 것이 아니라 더 무거워지곤 합니다. '심신을 원만하게 수호하는 공부'를 잘못한 것이지요.

대종사님은 '공부인이 동(動)하고 정(靜)하는 두 사이에 수양력(修養力)얻는 빠른 방법'의 네 번째로 '여가 있는 대로 염불과 좌선하기를 주의할 것'이라고 말씀하십니다.

여가 있는 대로 여러 가지 즐길 거리를 즐기는 것도 좋지만, 마음공부 하는 공부인이라면 여가 활용을 좀 다르게 할 필요가 있습니다.

해보신 분들은 알겠지만 염불과 좌선으로 맛보게 되는 즐거움은 깊고 그윽합니다. 이 그윽함에서 더 나아가면 세상의 어떤 즐길 거리로도 맛볼 수 없는 즐거움을 맛볼 수 있습니다. 몸은 건강해지고(水乘火降) 마음은 근심에서 벗어납니다(息妄顯眞). 자연히 일심의 위력도 갖추게 됩니다.

일로 지치고 마음을 쉬지 못하는 현대인들은 조만간 염불과 좌선이 최상의 여가 활동임을 깨닫게 될 것입니다. 참된 휴식과 깊은 즐거움, 놀라운 정신세계가 기다리고 있습니다. 잠시 잠깐의 염불과 좌선으로도 이 세계는 열리기 시작합니다. 그리고 이 공부는 바쁜 분들에게 더 필요한 공부입니다.

황진이와 서경덕

– 정신수양 6

조선시대 명기 황진이가 매력을 뿜어냅니다. 당대의 유명한 남성들이 그녀의 치마폭에 휩싸이고 맙니다. 더구나 그녀를 우습게 평하며 큰 소리 치던 고승도 결국은 그녀의 매력에 넘어가고 맙니다. 그 고승은 아마도 가만히 있어도 황진이를 잊을 수 없고, 이러지 말아야지 하면서도 마음도 몸도 그녀에게 끌려갔을 것입니다.

그런 황진이가 마음대로 하지 못한 사람이 있었으니 학덕이 높았던 유학자 서경덕입니다. 거처를 함께 하면서도 평상심으로 대하니 오히려 사심을 품었던 황진이가 자신을 돌아보고 존모의 마음을 품게 되었다고 합니다.

운전실력을 가늠하려면 면허시험을 보아야 하고, 학생들

의 실력도 점수로 나오는데 과연 정신수양을 잘 했는지 못 했는지는 어떻게 알 수 있을까요?

정산종사님은 '정할 때 마음 나가는 번수와 동할 때 마음 끌리는가 아니 끌리는가를 대조하면 수양력 정도를 알 것' 이라고 말씀하십니다.

주위가 고요한 새벽에 법당에 앉아 좌선을 합니다. 죽비소리가 울리고 마음을 비우기 시작합니다. 하지만 쉽게 비워지지 않고 이런저런 잡념들이 오락가락합니다.

일 할 때도 마찬가지입니다. 몸은 이 일을 하면서도 마음은 천지 사방을 휘젓고 다니면서 불필요한 생각들을 하고 있습니다. 정신수양의 힘이 제대로 쌓이지 않았다는 증거입니다.

내 옆에 진짜 황진이는 없을지 몰라도 그녀보다 더 내 마음을 빼앗아가는 경계들은 얼마든지 있을 수 있습니다. 스스로 틈틈이 수양력을 점검하지 않는다면 언젠가 온갖 경계들이 나를 시험하려고 할 것입니다. 황진이가 문제가 아니라 내 수양의 힘, 수양력이 문제인 것입니다.

돌보다 단단한 허공

– 정신수양 7

공기보다는 물이, 물보다는 흙이 단단합니다. 그리고 흙보다는 돌이 단단합니다. 그런데 단단한 돌이나 쇠보다 더 단단한 것이 있으니 바로 마음 허공이랍니다.

대종사님은 '우리가 정신수양 공부를 오래오래 계속하면 정신이 철석같이 견고하여, 천만 경계를 응용할 때에 마음에 자주(自主)의 힘이 생겨 결국 수양력(修養力)을 얻을 것이니라'고 말씀하십니다. 정신이 철석같이 견고해진다고 비유의 말씀을 하고 계십니다.

그런데 가만히 생각해보면 이 말씀은 단순한 비유의 말씀이 아닙니다. 돌은 망치로 때리면 부서지고, 쇠는 불로 녹이면 녹아버립니다. 세월이 지나면 돌이나 쇠나 부스러지고 녹슬어 사라집니다.

그러나 견고한 정신은 결코 부서지지도, 녹슬지도 않습니다. 물리적인 힘만이 아니라, 온갖 권세와 위협으로도 훼손할 수 없는 것이 정신입니다. 정신의 힘은 시간과 공간을 뛰어넘습니다. 부처님들과 성현님들의 위대한 정신이 좋은 증거입니다.

우리는 어떠한 역경과 난경 속에서도 희망을 잃지 않기를 바라고, 순경 속에서도 교만하거나 게으르지 않기를 바랍니다. 내가 주인이 되는 자주적인 삶을 원합니다. 그런데 원하는 대로 잘 되지 않습니다. 수양의 힘(修養力)이 약하기 때문입니다. 수많은 사람들이 잘 안된다고 합니다. 해도 잘 안되니 그만두겠다고 합니다. 조급하고 쉽게 포기하려는 우리들에게 대종사님은 말씀하십니다. '우리가 정신수양 공부를 오래오래 계속' 하면 된다고.

'오래오래' 이 공부를 하면 마음 허공이 철석보다 견고하게 됩니다. 자주적 삶을 누리는 기쁨은 이 분들만의 것입니다. 진리는 에누리가 없습니다.

내 팔자 내 행복

– 사리연구 1

옛날에는 인간의 운명이 사주팔자에 달렸다고 했습니다. 인간이 태어난 생년 · 생월 · 생일 · 생시를 가지고 인간의 운명을 연구했습니다.

하지만 이제는 새로운 8자를 생각해 보아야 합니다. 시비이해(是非利害)와 대소유무(大小有無) 여덟 글자입니다. 이 여덟 글자에 토를 뗄 수 있다면 행복하지 않을 수 없을 것입니다.

시비이해는 말 그대로 인간의 일(事)에 있어서의 옳음 · 그름 · 이로움 · 해로움을 말합니다. 수많은 사람들이 자신의 이로움을 생각하고 이로움을 위해 행동합니다. 하지만 뜻대로 되지 않습니다.

또한 수많은 사람들이 옳은 일을 하려고 합니다. 하지만 뜻대로 되지 않습니다. 나는 옳고 이로운 결정을 했다고 생각했는데 결과는 틀리고 해로운 것으로 드러나는 경우가 많습니다.

시험을 치는 학생은 정답을 맞히고 싶고, 사랑하는 연인은 사랑을 구하고 싶습니다. 자식 키우는 부모는 자식을 잘 키우고 싶어 합니다. 사업을 하는 사람은 사업에 성공하고 싶고, 농업을 하는 사람은 농업에 성공하고 싶습니다.

그런데 뜻대로 되지 않을 때, 바로 그 때가 사리연구를 다시 해야 할 때입니다. 행복을 구하고자 동분서주하지만 점점 그 행복이 멀어진다고 생각할 때, 늦었지만 그 때가 바로 사리연구를 할 때입니다. 무엇이 진정한 옳음(是)이고 무엇이 진정한 이로움(利)인지 다시 생각해야 할 때입니다.

연마하고 궁구할 때(研究) 무언가 얻는 것이 있을 것입니다. 삶과 세상에 대한 지혜입니다. 지혜가 있어야 옳으면서(是) 이롭고, 이로우면서도(利) 옳은 길을 갈 수 있습니다. 그 길이 행복에 이르는 길이고, 가면서 행복한 길입니다.

대소유무-큰 것 고르기

– 사리연구 2

사과 한 알을 고릅니다. 맛이 같다면 큰 것을 고르면 됩니다. 그런데 맛이 좋은 것은 크기가 작고, 큰 것은 맛이 덜합니다. 이 때 곰곰이 생각합니다. 어떤 것을 사야할까….

그런데 또 다른 사과가 있습니다. 껍질째 먹을 수 있다는 무공해 사과. 더 많은 생각을 하게 됩니다. 큰 것을 살까, 맛있는 사과를 살까, 아니면 무공해 사과를 살까 ….

인생은 어쩌면 이 사과 고르기와 다르지 않은 것 같습니다. 고른다는 것은 선택한다는 것이고, 선택한다는 것은 선택의 기준이 있다는 것입니다. 대종사님은 그 선택의 기준을 사(事)-시비이해(是非利害)로, 리(理)-천조(天造)의 대소유무(大小有無)로 풀어주셨습니다.

대(大)란 우주만유의 본체, 소(小)란 형형색색으로 구별된 만상, 유무(有無)란 천지의 춘하추동 생로병사 등의 변화로 설명하십니다.

좋은 사과 고르기의 비유로 돌아갑니다. 볼품을 생각한 사람은 크기를, 단맛을 즐기려는 사람은 맛을, 건강을 생각한 사람은 건강을 크게 생각하여 사과를 고를 것입니다. 무공해 사과를 고른 사람은 지금 당장 눈에 보이지 않는 건강(有無)을 크게 생각(大小)했다고 할 수 있습니다.

세상은 지금 가치관의 혼란에 빠져있다고 합니다. 어떤 사과를 고를지 갈팡질팡하고 있는 것과 다르지 않습니다. 어떤 가치를 우선해야 할지 모른다는 것이고, 어떤 것이 옳고, 이로운 것인지 알지 못한다는 말과 같습니다.

사과 한 알이 내 몸에 미치는 영향을 알아야(理) 사과 한 알을 제대로 고를 수 있는 것(事)입니다. 천지의 이치를 밝게 알아야(理) 내 삶도 옳고 이로울 수 있는 것입니다(事). '대소유무 시비이해' 는 정말 우리들의 팔자입니다.

일당 얼마나 받으시나요?

– 사리연구 3

큰 회사 임원은 연봉 수 십 억을 받기도 하고, 직원들은 수 천 만원 또는 훨씬 적은 돈을 받기도 합니다. 모든 사람들은 일을 하고 댓가를 받습니다. 자본주의 사회에서 모든 노동은 돈으로 환산됩니다. 따라서 많은 돈을 받는 노동은 질 높은 것으로 판단되곤 합니다. 하지만 돈으로만 평가되는 노동은 일의 온전한 의미를 잃게 합니다.

총부 간사 시절 모시던 스승님께서 하신 말씀이 생각납니다. '하루 종일 일만하고 공부를 하지 않으면 하루 머슴 노릇한 것이다.' 저는 지금도 이 말씀을 물질적 댓가가 거의 없는 출가자의 생활 표준에 대한 법문이라고 새기고 있습니다. 아무리 공익을 위한 일이지만, 일을 하면서 공부가 빠져있고, 깨달음이 빠져있다면, 헛된 일이 되고 만다는 뜻으로 새기고 있습니다.

이 세상은 일 없이는 돌아가지 않습니다. 우리는 아침부터 밤까지 수많은 일을 하면서 삽니다. 마지못해 하는 일, 그냥 습관적으로 하는 일, 기쁨과 보람으로 하는 일….

대종사님께서는 여기에 한 가지 일을 더하십니다. 알음알이, 깨달음과 함께 하는 일입니다. 동하고 정하는 두 사이에 연구력 얻는 빠른 방법으로, '첫째는 인간 만사를 작용할 때에 그 일 그 일에 알음알이를 얻도록 힘쓸 것' 이라고 말씀하십니다.

일하면서 알음알이를 얻지 못하면 지혜는 밝아지지 않습니다. 일하면서 깨달음을 얻지 못하면 삶은 그만큼 낭비되는 것입니다. 그런 일은 아무리 큰 돈을 받으면서 하더라도 머슴의 일에 불과합니다.

지혜는 그 언젠가 산 속에 가서 찾는 것이 아니라, 지금! 이 순간, 여기! 그 일 그 일에서 얻는 것입니다. 일 잘하면 진리님께서 주시는 일당은 한량이 없습니다.

답답할 때

– 사리연구 4

참 답답한 때가 있습니다. 힘에 겨운 일을 해야 할 때도 그렇고, 누군가로부터 의심을 사는 경우에도 답답합니다. 의문이 풀리지 않아도 답답하고, 억울한 일을 당해서도 답답하고, 누가 알아주지 않아서 답답하고….

하지만 가장 답답한 때가 언제였는가 생각해보니, 아무하고도 이야기할 상대가 없었을 때가 아닌가 싶습니다. 내 이야기를 들어줄 사람도 없고, 맞았다 틀렸다고 말해줄 사람도 없었을 때가 정말 답답했습니다.

답답함은 외로움으로 외로움은 또 커다란 고통으로 이어집니다. 신앙처를 가진 우리들은 기도를 통해서도 진리와 대화할 수 있습니다. 기도는 근본적인 답답함을 해소할 수 있는 길입니다. 그리고 스승님, 동지님들과 더불어 이야기를 하면서 답답함을 해소할 수 있습니다.

모르는 것을 물을 수 있고, 내 마음을 표현할 수 있는 인연들이 주위에 많은데도 답답하게 지내는 것은 내 잘못입니다. 간단한 질문 하나로 내 삶의 방향이 바뀔 수도 있습니다. 길을 묻는데 가르쳐주지 않는 사람은 없습니다. 하지만 묻지 않는 길을 가르쳐줄 수는 없습니다. 묻고 답하는 공부가 지혜를 얻는 지름길입니다.

대종사님은 '공부인이 동하고 정하는 두 사이에 연구력 얻는 빠른 방법' 의 두 번째 방법으로 '스승이나 동지로 더불어 의견 교환하기를 힘쓸 것' 을 말씀하십니다. 주위 인연들과 활발하게 의견교환을 하는 사람은 점점 지혜로워지고, 그 생활은 활기차고 행복하게 됩니다. 묻고 답하는 가운데 마음의 답답함도 풀어지고, 모르는 의문도 풀어집니다.

주위엔 스승님과 동지가 가득합니다. 내가 먼저 묻는 공부만 하면 됩니다. 지혜는 답답함을 사라지게 합니다. 참으로 쉬운 공부길입니다

그때 그때 달라요

– 사리연구 5

대종사님께서는 동하고 정하는 두 사이에 연구력 얻는 빠른 방법의 세 번째로 '보고 듣고 생각하는 중에 의심나는 곳이 생기면 연구하는 순서를 따라 그 의심을 해결하도록 힘쓸 것' 을 말씀하십니다.

보고 듣고 생각하는 중에 의심이 생겼을 때 취하는 태도는 사람마다 다릅니다.

① 머리만 아프니까 그냥 잊어버린다 ② 아는 척 한다 ③ 무조건 인터넷 검색한다 ④ 책을 보고 연구한다 ⑤ 사람에게 묻는다 ⑥ 깊은 사색에 잠긴다. 나는 어떤 사람인가요?

대종사님 말씀은 일단 의심이 나면 해결하기에 힘쓰라는 말씀입니다. 단, 연구하는 순서를 따라서 그 의심을 해결하라는 말씀입니다.

생각할수록 정말 연구에도 순서가 있는 것 같습니다. 예전에는 전화를 걸든지 안내책자를 뒤적여서 열차시각을 알았지만, 요즘은 인터넷에서 쉽고 정확하게 알 수 있습니다.

중병에 걸렸는데 원인을 알아낸다고 의대에 입학해 의학을 공부하는 것은 어리석은 일입니다. 일을 하다가 난관에 부딪쳤을 경우에는 책보다는 경험자에게 도움을 청하는 것이 나을 수 있겠지요.

사기꾼에게 사기를 당하는 사람들과 미신으로 패가망신하는 사람들을 보면 너무도 간단한 사실들을 먼저 확인하지 않기 때문에 참담한 결과에 이르는 것 같습니다.

진리 탐구도 때론 그저 책만 많이 본다고 되는 것도 아니고, 그저 좌선만 많이 한다고 되는 것도 아닙니다. 모든 일에 순서가 있듯이 연구에도 순서가 있습니다.

모든 일들이 서로 다르기 때문에 그 연구의 순서도 다를 수밖에 없습니다. 정말 그 때 그때 다른 것이지요. 그 순서를 잘 잡아야겠습니다.

압권(壓卷)

– 사리연구 6

압권(壓卷). 낱말 그대로 다른 책을 누르고 맨 위에 놓여 있는 책을 말합니다. 옛날 중국에서 관리 등용 시험 답안 가운데 가장 잘 된 답안을 가장 위에 놓았다는 데서 유래한 말이라고 합니다.

저에겐 아주 확실한 압권이 있습니다. 소태산 대종사님의 '원불교교전'(7가지 경전을 모두 모은 교전은 '원불교전서'라고 합니다)입니다.

원불교를 아직 모르고 삶의 방향을 정하지 못해 방황할 때 교전을 만났습니다. 교전을 읽던 날, 많은 고민들이 녹아내리고, 출가하고 싶다는 마음이 주체할 수 없이 솟아올랐습니다. 또 교전 속의 대종사님을 뵙고 싶다는 마음이 간절했습니다.

아무리 생각해도 교전과의 만남은 가장 은혜로운 사건이었습니다. 이 만남만으로도 이생의 삶은 은혜로 넘칩니다. 더 바랄 것이 있다면 교전의 가르침대로 살지 못하는 아쉬움과 안타까움이 있을 뿐입니다.

책상 위에 여러 가지 책들이 놓여있을 때 저는 교전을 제일 위에 놓습니다. 교전 위에 어떤 물건도 올려놓지 않습니다.

대종사님께서는 '공부인이 동하고 정하는 두 사이에 연구력 얻는 방법'의 네 번째로 '우리의 경전 연습하기를 힘쓸 것'을 말씀하십니다. 쉽게 표현하지면 우리 교전(원불교전서)을 공부하라는 말씀입니다.

대종사님께서는 '네 번째'로 말씀하셨지만 저는 '첫 번째'로 그 순서를 옮기고 싶습니다. 연구력만이 아니라 삶의 방향을 잡는데 최우선적으로 해야 할 것이 우리 교전을 잘 읽고 공부하는 일이라고 확신하기 때문입니다. 교전 공부의 긴요함, 필설로는 다 하지 못하겠습니다. 교전을 열면, 새로운 삶이 열리고, 행복이 꽃 핍니다, 반드시.

압권이 아니라

– 사리연구 7

저는 원광대를 다니기 전에 기독교 재단이 운영하는 대학을 다녔습니다. 그런데 그 때 예수님과 가까워진 것이 아니라 멀어졌습니다. 이웃종교에 대한 비방과 무시하는 태도를 접하면서 말입니다.

그런데 훗날 예수님을 가깝게 만나는 경험을 하게 됩니다. 원불교학과 시절, 예수님 성탄전야에 텅 빈 기숙사를 지키다 기독교 성경을 다시 보게 되었습니다. 감동이 밀려오기 시작했습니다. 눈물과 함께.

그날 텅 빈 기숙사에서의 감동을 지금도 잊을 수 없습니다. 왜 이런 일이 일어났는지 곰곰이 생각했습니다. 미션스쿨에서 접하던 예수님은 점점 더 멀게만 느껴졌는데, 왜 출가를 해서야 가깝게 느껴지는 것인지….

그 답은 교전에 있었습니다. 대종사님의 가르침이 새로운 눈을 뜨게 만들었던 것입니다. 예수님의 마음을 읽을 수 있는 눈을 주신 것입니다. 물론 이 작은 체험으로 예수님을 제대로 만났다고 할 수는 없겠지요. 하지만 그날의 예수님은 분명 새로운 예수님이었습니다. 대종사님께서 만나게 해주신 예수님이었습니다.

앞에서 원불교 교전을 압권(壓卷)으로 표현했습니다. 그러나 그 말을 바꾸렵니다. 교전은 그 어떤 다른 경전도 누르지 않습니다. 오히려 교전을 통해 눈을 맑히면 다른 경전과 책, 다른 가르침에 대한 이해가 더욱 깊어지고, 회통할 수 있게 해줍니다. 누르고 우쭐거리는 압권이 아니라 오히려 밑받침 해주어 되살려주는 경전인 것입니다.

동정 간에 연구력 얻는 빠른 방법의 다섯째, '우리의 경전 연습을 다 마친 뒤에는 과거 모든 도학가(道學家)의 경전을 참고하여 지견을 넓힐 것' 이라는 말씀에 대한 추억이었습니다.

잡든지 놓든지

– 작업취사 1

사과와 배, 둘 다 가지고 싶지만 하나만 가질 수 있답니다. 사과를 가지면 배를 놓는 것이고 배를 가지면 사과를 놓는 것입니다.

술꾼은 건강에 나쁜 줄 알면서도 술을 마십니다. 술을 마시는 순간 건강은 버린 것입니다. 받는 것이 불의인 줄 알면서도 뇌물을 받습니다. 뇌물을 받는 순간 정의는 버린 것입니다. 과식을 하면 날씬한 몸매는 버린 것입니다.

삶은 끝없는 선택, 취사의 연속입니다. 그런데 어떤 사람은 취사(取捨)없이 살려고 합니다. 노력 없이 이루려 하고, 마음공부 없이 평온한 삶을 원합니다. 믿음 없는 삶을 살면서 자신감 있는 삶을 바랍니다.

마음공부는 관념의 유희가 결코 아닙니다. 뼈아픈 취사의 노력이 없는 마음공부는 사치에 불과할 수 있습니다.

눈, 귀, 코, 혀, 몸, 마음, 육근을 작용하는 모든 것이 업을 짓는 것입니다. 이것을 보는 것은 저 것을 보지 않는 것이고, 이 마음을 갖는 것은 저 마음을 갖지 않는 것입니다. 이 작은 취사가 모여서 우리의 삶을 결정합니다.

대종사님은 정신수양으로 수양력을 얻고, 사리연구로 연구력을 얻었어도 실행을 하지 못하면 결실 없는 나무와 같다고 하셨습니다. 콩을 심으면 콩이 나고, 행복을 심으면 행복이 열립니다. 팥을 심을 수도 있고, 불행을 심을 수도 있습니다.

무엇을 심는가는 나의 실행력, 취사력에 달렸습니다. 우리가 바라는 낙원은 온전한 취사로 맞이할 수 있습니다.

가슴이 먹먹합니다

– 작업취사 2

어느 시인이 어린 시절에 처음으로 바다 앞에 섰답니다. 난생 처음으로 끝없이 넓은 바다를 본 아이는 '억!' 하고는 아무 말도 못했답니다. 충격이 너무 컸던 까닭이지요.

정신수양과 사리연구 공부를 한 공부인은 나머지 작업취사 공부를 하면 됩니다. 대산종사님께서는 정신수양 250점, 사리연구 250점이라면, 작업취사는 500점이라고 강조하셨습니다. 온전한 생각으로 정의와 불의를 구분했으니, 작업취사만 하면 되는 것입니다. 그래서 취사하는 마음의 힘, 취사력(取捨力)만 기르면 되는 것이지요. 그런데…, 그런데 정말 바다를 처음 본 어린아이와 같은 충격입니다.

동하고 정하는 두 사이에 취사력 얻는 빠른 방법의 첫 번째는 '정의인줄 알거든 크고 작은 일을 막론하고 죽기로써 실행 할 것' 입니다. 정말 아무런 생각이 이어지질 않습니다.

가만히 나를 돌이켜보면 마땅히 해야 할 정의, 옳은 일이 너무나 많습니다. 그런데 또한 '죽기로써' 해야 한다고 하시니 기가 막히는 듯 합니다. 가슴이 먹먹합니다. 어떤 다른 방법은 없는지 자꾸 핑계를 찾고 싶습니다. 취사(取捨)라는 말의 무서움에 몸이 떨립니다.

나의 작업취사를 돌이켜 봅니다. 옳고 그름보다는 이익과 불이익에 좌우되는 것은 아닌지, 정의와 불의보다는 좋고 싫음에 좌우되는 것은 아닌지 돌아봅니다. 대부분의 사람이 정의와 불의를 알고 있습니다. 그러나 정의를 실행하기는 쉽지 않습니다.

작업취사는 '실행공부' 입니다. 그 실행의 어려움을 대종사님도 분명 아셨던 것 같습니다. 그래서 '죽기로써' 라고 표현하셨던 것 같습니다. 가슴 먹먹하게 '죽기로써' 라는 말씀을 자꾸 되새길 뿐입니다.

오늘도 죽는다

– 작업취사 3

담배를 끊는 사람은 구수한 담배연기를 외면하기가 죽기보다 힘들고, 술을 끊으려는 사람에겐 한 잔 술 외면하기가 죽기보다 힘들답니다.

하지만 절제하고 인내해야만 하는 것이 삶입니다. 대종사님은 죽기로써 정의를 실행해야 하듯이 '불의인 줄 알거든 크고 작은 일을 막론하고 죽기로써 하지 않아야' 취사력, 실행력을 얻을 수 있다고 하십니다. 아무런 설명도 필요없고 아무런 변명도 붙일 곳이 없는 법문입니다.

하지만 현실은 그렇지 않습니다. 애들은 과자 먹고 싶어 죽겠다고 하고, 어른들은 술 한잔 하고 싶어 죽겠다, 미워 죽겠다, 좋아 죽겠다고 합니다. 그러나 실제로 과자나 술을 먹지 않는다고 죽지는 않습니다.

하지만 반대로 가만히 생각해보면 술 한잔 때문에 인생을 망치는 사람, 그릇된 명예를 구하다가 허망한 꼴을 당하는 사람들은 의외로 많습니다. '불같이 일어나는 욕심', '철석같이 굳은 습관'에 끌려 하지 말아야 할 것을 하기 때문이지요. 업력(業力)에 끌려가는 것입니다. 과거의 습관, 업력에 끌려가지 않는 것이 너무 어려워 '죽기로써'라고 말씀하신 것 같습니다.

하지만 죽어도 끊지 못한다면 술을 '죽기로써' 끊었을 때, 그 사람은 새 사람입니다. 누군가 '죽기로써' 성격을 바꾸었을 때, 그 사람은 어제의 그 사람이 아닙니다.

한번 끊고 두 번 끊어서 술을 완전히 끊은 사람에겐 술 한잔이 마음을 끌지 못합니다. 취사력이 업력을 이기는 것입니다. 오늘도 죽는다는 각오로 살 때 새로운 삶이 열립니다. 과거의 내가 죽는 순간 새로운 나는 태어납니다.

노력엔 낙망이 따른다

– 작업취사 4

'귀는 여래(如來)' 라는 말이 있습니다. 좋은 법문을 많이 들어서 귀의 수준이 부처님이라는 것이지요. 아는 만큼 실천이 따르지 않는다는 의미를 숨기고 있는 말입니다. 정말 모르는 것도 문제이지만 실천하지 않는 것이 더 큰 문제인 것 같습니다.

대종사님의 마음공부는 사실 마음만을 다스리는 공부가 아닙니다. 마음의 변화를 넘어 행동의 변화, 인격의 변화, 세상의 변화까지를 요구합니다. 먼저 마음이 변화되어야 하기 때문에 마음공부라고 할 뿐입니다. 이런 면이 가장 잘 드러나는 공부가 작업취사 공부입니다.

정의는 실천하고, 불의는 행하지 말라고 하십니다. 죽기로써 노력하라고 하십니다. 하지만 노력하면 할수록 우리는 낙망하게 됩니다. 담배 하나를 끊는 것도 마음대로 되지 않고, 아침 일찍 일어나는 것도 쉽지 않습니다. 해보면 압니다. 내 습관 하나를 고치는 일이 얼마나 어려운지를. 또 알게 됩니다. 노력은 낙망을 동반한다는 것을.

무언가를 이루려 노력하면 반드시 어려움이 닥칩니다. 그 어려움은 우리를 낙망과 절망으로 몰고 가려 합니다. 물론 노력하지 않는 사람에겐 낙망도 찾아가지 않습니다. 노력의 동반자, 낙망을 따돌리는 방법은 무엇일까요?

대종사님 말씀입니다. '모든 일을 작용할 때에 즉시 실행이 되지 않는다고 낙망하지 말고 정성을 계속하여 끊임없는 공을 쌓을 것이니라.' 동정간 취사력 얻는 방법의 세 번째, 마지막 방법입니다.

저는 이 말씀을 이렇게 새기고 싶습니다. -정성스럽게 노력하자, 낙망이 지쳐 쓰러져 쫓아오지 못할 때까지! 라고. 낙망은 결코 정성을 이기지 못합니다.

오래, 오래…

– 마음공부 1

원불교의 수행은 마음공부이고 마음공부는 삼학(三學)입니다. 삼학을 마무리하면서 꼭 짚고 싶은 내용이 있습니다.

정전의 '정신수양의 결과'를 보면 '우리가 정신수양 공부를 오래오래 계속하면 정신이 철석 같이 견고하여, 천만경계를 응용할 때에 마음에 자주(自主)의 힘이 생겨 결국 수양력을 얻을 것'이라고 말씀하셨습니다.

또한 '사리연구의 결과'를 보면 '우리가 사리연구 공부를 오래오래 계속하면, 천만사리를 분석하고 판단하는 데 걸림없이 아는 지혜의 힘이 생겨 결국 연구력을 얻을 것'이라고 말씀하셨습니다.

그리고 '작업취사의 결과'를 보면 '우리가 작업취사 공부를 오래오래 계속하면, 모든 일을 응용할 때에 정의는 용맹 있게 취하고, 불의는 용맹 있게 버리는 실행의 힘을 얻어 결국 취사력을 얻을 것'이라고 말씀하십니다.

생활 속에서 너무나 흔하게 듣는 안타까운 말이 있습니다. '해도 안 된다'는 말입니다. 엄밀히 말하자면 이 말은 맞는 말이 아닙니다. 하면 한 만큼 반드시 진전이 있습니다. 단, 한두 번으로는 그 결과가 눈에 잘 보이지 않을 뿐입니다.

대종사님께서는 '오래오래 계속하면'이라는 표현을 세 번이나 반복하고 계십니다. 한 번, 두 번, 세 번이 아니라 오래오래 하고 또 하라는 당부이십니다. 이 말씀 앞에서 내 삶을 돌아보지 않을 수 없습니다. 한두 번 해보고 되지 않는다고 낙망하고, 몇 날이나 몇 달 해보고 되지 않는다고 포기하고 있지는 않은지….

천지만물이 모두 오래오래 공들인 결과입니다. '오래오래'라는 말씀을 표준삼아 새롭게 출발해야겠습니다.

평가, 먼저 하라, 당하기 전에

– 마음공부 2

대종사님의 가르침은 마음공부를 왜 해야 하는지, 어떻게 해야 하는지, 그리고 그 결과의 측정은 어떻게 할 수 있는지까지 말씀하고 계십니다. 사실 마음공부를 오래 했어도 그 결과를 평가하기란 쉽지 않습니다.

하지만 분명한 것은 '매일 좌선하는 사람이 수양력이 저 정도야?' 또는 '확실히 다르네, 마음공부한 사람이라…' 하는 식으로 누군가 나를 평가하고 있다는 사실입니다. 그 누군가는 가까운 가족일 수도 있고, 동료들일 수도 있고, 법신불 사은님일 수도 있습니다.

마음은 눈에 보이지 않습니다. 하지만 보이지 않는 마음

하나하나가 쌓이고 쌓여서 습관을 만들고 그 습관들이 모여서 인격이 될 때 비로소 사람들 눈에 띄게 됩니다.

눈에 띄도록 굳어진 습관과 인격은 돌이키기 힘듭니다. 그 사람 너무 가벼워, 그 사람 너무 까다롭더라, 너무 게으르더라, 술버릇이 고약하더라, 신용을 못 지킨다던데 등….

누군가의 평가를 잘 받으려고 전전긍긍하면서 마음공부 하자는 것이 아닙니다. 제대로 된 마음공부를 하려면 스승님들께서 내주신 표준으로 공부하자는 것입니다.

'정할 때 마음 나가는 번수와 동할 때 마음 끌리는가 아니 끌리는 가를 대조하면 수양력 정도를 알 것이요, 안으로 성리연마와 경전해득과 밖으로 사물판단하는 능력을 대조하면 연구력의 정도를 알 것이요, 안으로 일기하여 계문을 조사하고 밖으로 일을 당하여 수시응변하는 능력을 대조하면 취사력의 정도를 알 것이니라.' 정산종사법어 경의편 17장 말씀입니다.

평가의 목적은 마음공부의 실력 향상에 있습니다. 당하기 전에 스스로 해야 겠습니다.

팔조

진행사조(進行四條)

신(信)이라 함은 믿음을 이름이니, 만사를 이루려 할 때에 마음을 정하는 원동력(原動力)이니라.

분(忿)이라 함은 용장한 전진심을 이름이니, 만사를 이루려 할 때에 권면하고 촉진하는 원동력이니라.

의(疑)라 함은 일과 이치에 모르는 것을 발견하여 알고자 함을 이름이니, 만사를 이루려 할 때에 모르는 것을 알아내는 원동력이니라.

성(誠)이라 함은 간단 없는 마음을 이름이니, 만사를 이루려 할 때에 그 목적을 달하게 하는 원동력이니라.

사연사조(捨捐四條)

불신(不信)이라 함은 신의 반대로 믿지 아니함을 이름이니, 만사를 이루려 할 때에 결정을 얻지 못하게 하는 것이니라.

탐욕(貪慾)이라 함은 모든 일을 상도에 벗어나서 과히 취함을 이름이니라.

나(懶)라 함은 만사를 이루려 할 때에 하기 싫어함을 이름이니라.

우(愚)라 함은 대소 유무와 시비 이해를 전연 알지 못하고 자행 자지함을 이름이니라.

내 삶은 전진하고 있는가?

– 진행사조 1

자녀들이 공부를 하지 않아 부모님들 속이 탑니다. 자녀들이 편식을 해서 부모님들 마음이 상합니다. 공부를 다그치고 골고루 먹으라고 강요하지만 아이들은 잘 따르지 않습니다.

다그치고 강요하기 전에 가만히 생각할 필요가 있습니다. 아이들이 왜 공부를 하는지, 공부를 해서 무엇을 이루려는지에 대한 자각이 없는 한 변화는 없습니다.

건강을 이루려는 마음이 없이는 편벽된 입맛을 바꾸지 못합니다. 무언가를 이루려는 마음이 바로 '원(願)'이라고 할 수 있습니다.

대종사님은 삼학의 수행에 덧붙여 마음공부를 진행시켜 주는 네 가지 조목을 말씀하십니다. 신(信), 분(忿), 의(疑), 성

(誠)입니다.

정신수양, 사리연구, 작업취사의 위대한 마음공부 길을 밝히셨으나 정작 이 마음공부를 추진하는 마음이 없으면 공부의 진전이 없기 때문입니다.

사실 자녀들을 걱정하기 전에 더 중요한 것은 내 삶을 돌아보는 것입니다. 스스로에게 거듭 물어보아야 합니다. 나는 전진하고 있는가? 나는 좀 더 나아지고 있는가? 내 신앙과 수행은 앞으로 나아가고 있는가?

대종사님은 말씀하십니다. 땅에 일원상을 그려 보이시며, 이것이 우주의 본가인데 무궁한 묘리와 무궁한 보물과 무궁한 조화가 다 갖추어져 있다, 이 본가에 들어가려면 '삼대력의 열쇠를 얻어야 들어갈 것이요, 그 열쇠는 신 · 분 · 의 · 성으로써 조성하나니라.'

원불교의 신앙을 알지만 생활이 은혜롭지 않다면, 마음공부의 수행을 알고는 있지만 마음의 힘이 쌓이지 않고 있다면 그 삶은 정체한 삶입니다.

만능열쇠

– 진행사조 2

'007' 같은 영화의 주인공들은 아주 작은 열쇠를 가지고 다닙니다. 그런데 이 작은 열쇠는 못 여는 자물쇠가 없고, 못 여는 문도 없습니다. 호텔과 같은 큰 건물에도 이런 열쇠가 있습니다. 일명 '마스터키' 라고도 합니다.

인생을 살면서 이런 열쇠를 하나 가졌으면 좋겠다는 생각 누구나 한 번씩은 해보았을 것입니다. 인생을 살면서 답을 알 수 없는 문제와 난관에 봉착할 때가 한 두 번이 아니니 말입니다.

어쩌면 인생은 열리지 않는 문 앞에서 그 문을 열려고 하는 노력의 연속인지도 모릅니다. 그런데 보이는 문은 열쇠로 열 수 있지만 내 삶의 난관들은 쇠로 만든 열쇠로는 열리지 않습니다. 보이지 않는 열쇠, 내 안에 있는 무형의 만능열쇠가 필요한 이유입니다.

대종사님은 땅에 일원상(○)을 그려 보이시며 제자들에게 말씀하십니다. '이것이 곧 큰 우주의 본가이니 이 가운데에는 무궁한 묘리와 무궁한 보물과 무궁한 조화가 하나도 빠짐없이 갖추어 있나니라' 고 하시며 이 본가에 들어가려면 '삼대력의 열쇠를 얻어야 들어갈 것이요, 그 열쇠는 신 · 분 · 의 · 성으로써 조성하나니라'

삼대력(三大力)이란 정신수양의 힘, 사리연구의 힘, 작업취사의 힘인데 이는 곧 신 · 분 · 의 · 성으로 얻을 수밖에 없습니다.

인생의 수많은 난관과 관문들을 열고자 한다면 열쇠를 찾기 전에 나의 신 · 분 · 의 · 성을 돌아볼 일입니다. 신 · 분 · 의 · 성 없이는 열쇠도 없기 때문입니다. 그래서 부처님은 잡다한 열쇠들을 가지고 있지 않습니다. 오직 하나의 만능열쇠를 가질 뿐입니다.

밥이 입으로 들어간다는 것

– 진행사조 3 신(信)

가장이 아침에 집을 나서서 회사로 향합니다. 가족을 부양하겠다는 목적, 원(願)을 이루려 일터로 가는 것이죠. 하지만 원만으로 원이 이뤄지지는 않습니다.

'회사 가서 열심히 일하자, 사랑하는 가족을 먹여 살려야지!' 하는 마음이 늦잠의 유혹을 뿌리치고 집을 나서게 합니다. 이 마음이 바로 신, 믿음입니다.

대종사님께서 '신이라 함은 믿음을 이름이니, 만사를 이루려 할 때에 마음을 정하는 원동력(原動力)이니라' 고 말씀하십니다. 세상만사 믿음 없이는 이뤄지는 것이 없다는 말씀입니다.

밥 한술을 입에 넣는 것, 물 한 모금을 마시는 것, 땀 흘려 일하는 것, 밤을 새워 공부를 하는 것, 거친 땅에 나무 한그루를 심는 것…. 이 모든 것들도 믿음이 있기에 가능합니다.

물을 마셔도 갈증을 해소할 수 없다고 생각한다면 물을 마시지 않을 것입니다. 공부하려는 마음이 없다면 밤을 새우지 않을 것입니다. 작은 나무 한 그루가 큰 나무로 자란다는 믿음이 없다면 우리는 힘들여 나무를 심지 않을 것입니다.

그래서 우리는 알 수 있습니다. 살아가는 모습을 보는 것만으로도 그 사람의 마음속에 신, 믿음이 있는지 없는지를…. 그리고 또 알 수 있습니다. 이루고자 하는 일을 이룰 수 있는 사람인지 아닌지를…. 신(信)의 있고 없음이 곧 성패를 가르기 때문입니다.

한 숟가락의 밥을 먹는다는 것, 가만히 생각해보면 밥이 아니라 믿음을 먹는 것입니다.

진달래 산수유도 그냥 꽃피우지 않고 믿음으로 피었고, 아름다운 산새들도 그냥저냥이 아니라 믿음으로 지저귑니다.

대종사님 피는

– 진행사조 4 분(忿)

열한 살 어린이가 눈이 오나 비가 오나 5년간 삼밭재 마당바위에서 기도를 올립니다. 그 후로는 6년간 스승을 찾아 일천정성을 들입니다. 그 후 이십대 초반에는 또 4년간 깊은 입정의 세계에 침잠합니다. 가세는 기울어 고생이 이루 말 할 수 없었으나 진리를 향한 구도의 열정을 멈추지 않았습니다.

제자들과는 엄동설한에 삽과 곡괭이로 바다를 막았습니다. 창생을 구하겠다는 서원 하나로 제자들과 하늘의 인정을 받아냈습니다. 일본 제국주의의 엄혹한 칼날 앞에서도 이룰 것을 이루었습니다. 숯장사, 엿장사를 마다치 않았고, 논밭을 빌려서 땀 흘려 노동했습니다.

우리가 꿈에도 그리는 대종사님이십니다. 재산도 학식도

지위도 권세도 별 것 없으셨던 분. 눈에 보이는 것은 가진 게 별로 없으셨으나 맨 주먹으로 이 회상을 이룩하신 분이십니다.

어찌 대종사님의 피가 뜨뜻미지근했겠습니까? 등상불 신앙을 과감히 뒤로 하고 농기구를 메고 돌아오는 제자들을 보고 이들이 우리집 부처님이라고 당당히 일본 시찰단들에게 선언하던 대종사님의 마음이 어찌 차가웠겠습니까?

뜨거울 자리에선 뜨거우시고, 차가울 자리에선 차가우셨던 대종사님이시지만 이 또한 구원겁래의 뜨거운 서원이 먼저 있었기에 가능했으리라 감히 추측해봅니다.

'분(忿)이라 함은 용장한 전진심을 이름이니, 만사를 이루려 할 때에 권면하고 촉진하는 원동력이니라' 는 말씀이 그저 말씀이 아니라 대종사님의 뜨거운 피로 느껴지는 대각개교의 달입니다.

가진 것 없어도 뜨거운 마음 가지고 있다면, 그 사람이 바로 이루고자 하는 것을 이룰 수 있는 행복한 사람일 것입니다.

의심을 없애는 의심

– 진행사조 5 의(疑)

'인생이 이게 뭐야? 이런 거야 정말?' 울먹울먹 신세한탄 하며 소주를 들이킵니다. 쉽게 볼 수 있는 모습들입니다. 그런가 하면 또 부처님들이나 성현님들도 같은 고민을 했습니다. '인생이란 무엇인가? 삶의 본질은 무엇인가?' 라고.

인생에 대한 고민이란 점에서 같고, 삶의 본질에 대한 의심인 것도 같습니다. 하지만 신세한탄식의 의심으로는 얻을 것이 별로 없습니다. 반대로 구도의 자세로 본질을 탐구해 들어가는 의심은 깨달음을 가져옵니다.

투자를 하면 큰 돈을 벌게 해주겠다는 제안을 받고 끝없이 그 말을 의심만 하는 사람이 있다면 그 사람은 삶을 낭비하는 것입니다. 그 제안이 맞는 것인지를 알아내려는 '의', '의심'의 추진이 행해져야 하고 정확하고 빠른 판단에 이르러야 합니다.

세상엔 두 가지 의심이 있습니다. 의심 끝에 얻을 것이 별로 없는 의심이 그 하나이고, 다른 하나는 새로운 지혜에 이르게 해서 무언가를 이루는데 결정적 도움을 주는 의심입니다. 뒤에 말한 의심이 대종사님께서 진행사조에서 말씀하시는 '의', 의심입니다.

'의라 함은 일과 이치에 모르는 것을 발견하여 알고자 함을 이름이니, 만사를 이루려 할 때에 모르는 것을 알아내는 원동력이니라.'

의심과 의심을 뭉쳐서 의단(疑團)으로 깨달음에 이르시고 열악한 상황을 이겨내시고 회상을 펴신 대종사님의 일생이 바로 의심의 올바른 추진을 웅변하는 실례라고 할 수 있습니다. 물질문명이든 정신문명이든 나사못 하나에서 인류도덕까지 의심 없이 생긴 것은 없습니다.

성(聖), 성(性), 성(成)

– 진행사조–6 성(誠)

해는 장구한 세월 동안 어김없이 어둠을 밝히며 떠오릅니다. 바다의 파도는 철썩 철썩 거대한 바위를 모래로 만듭니다. 똑 똑 한 방울씩 떨어지는 낙수는 바위를 뚫습니다.

봄이 되면 어김없이 푸른 싹이 돋아납니다. 내 몸의 심장도 어김없이 맥박을 만들며 자기 할 일을 합니다. 이 글을 읽고 쓰는 이 순간에도 들숨과 날숨이 고르게 왕래합니다. 아이가 자라는 것도 소리 없이 정성스러운 어머니의 손길 때문입니다.

대종사님은 '성이라 함은 간단없는 마음을 이름이니, 만사를 이루려 할 때에 그 목적을 달하게 하는 원동력이니라' 고 말씀하십니다.

간단(間斷) 없다는 것은 끊임이 없는 것, 사이가 없다는 것입니다. 염염불망(念念不忘)하고 심심상련(心心相連)하고 행하고 또 행해야 정성이라고 할 수 있습니다.

세상 만물 그 어느 것도 정성 없이 이뤄지는 것은 없습니다. 대종사님 내어주신 신 · 분 · 의 · 성 네 가지 덕목 가운데 정성이 빠지면 세 가지는 힘을 타지 못합니다.

한 때의 신심, 한 때의 분발심, 한 때의 의심으로는 이룰 수 있는 것이 거의 없기 때문입니다. 공부와 일을 하면서 가장 부족한 것이 무엇일까 생각해보면 맨 먼저 떠오르는 것이 바로 성(誠), 정성심입니다.

부처님들이나 성현님들 그리고 위대한 업적을 이룬 모든 분들의 삶의 핵심에는 반드시 '정성' 이 자리하고 있습니다.

정성은 범부와 성인을 가르는 기준이 되고(聖),

정성은 깨달아야, 견성해야 샘솟는 것이고(性),

정성은 만사를 이루려 할 때에 그 목적을 달하게(成) 하는 원동력인 것입니다.

성(誠)은 성(聖)이며, 성(性)이고, 성(成)입니다.

버리지 않으면 버린다

- 사연사조 1 불신(不信)

누군가 말했습니다. 차디 찬 얼음으로 기관차를 움직일 수 있다고. 한 사람은 그 말을 듣고 그저 웃고 아무런 노력도 하지 않았습니다. 또 한 사람은 도저히 이해가 되지 않았지만 시키는 대로 했습니다.

얼음을 녹여 물을 만들고, 물을 끓여 증기를 만들었습니다. 증기를 터질듯하게 뭉치고 뭉쳐서 터빈을 돌렸습니다. 무거운 쇳덩어리 기차는 비로소 움직이기 시작합니다.

불신은 아무 것도 움직이지 못합니다. 믿음은 실천을 낳고 놀라운 결과를 얻게 합니다. 물도 얼음도 수증기도 모두 수소분자 두 개에 산소 분자 하나(H2O) 일 뿐입니다. 이 사실을 믿지 않으면 그 어떤 행동도 나올 수 없고, 변화도 없습니다.

범부 중생과 불보살이 한 마음 차이일 뿐이라는 것을 믿지 않으면 범부 중생은 결코 부처의 인격을 이룰 수 없습니다. 마음공부로 마음의 자유를 얻고, 생사를 초월하고, 죄복을 임의로 할 수 있다는 것을 믿지 않으면 수행은 시작되지 않습니다. 사은에 보은을 하면 복을 받는다는 것을 믿지 않는 한 보은행은 이뤄지지 않습니다. 마음의 결정을 보지 못하기 때문이지요.

'불신이라 함은 신의 반대로 믿지 아니함을 이름이니, 만사를 이루려 할 때에 결정을 얻지 못하게 하는 것이니라'(정전)라고 대종사님은 말씀하십니다. 버려야 할 네 가지-불신, 탐욕, 나(게으름), 우(어리석음)-의 첫 번째입니다.

신(信)이 없는 공부는 마치 죽은 나무에 거름하는 것과 같아서 마침내 결과를 보지 못한다는 대종사님의 말씀이 무겁게 다가옵니다.

불신을 버리지 않으면 우리는 삶을 버리고 말 것입니다.

탈

– 사연사조 2 탐욕(貪慾)

부끄럽게도 가끔 소화제를 먹습니다. 무언가를 과식했기 때문이지요. 아주 가늠이 없지는 않아서 음식을 먹으면서도 '아 이거 과식하는 건데…' 하면서도 먹는 경우가 있습니다.

결국 소화제를 먹으면서 참회를 하지만, 가끔씩 반복하는 걸 보면 참회의 진정성이 의심스럽습니다.

탐욕은 '모든 일을 상도에 벗어나서 과히 취함을 이름' 이라고 대종사님께서 설명해주셨습니다. 배탈은 음식을 상도(常道)에 벗어나 과히 취한 탐욕의 결과입니다.

인간은 몸과 마음으로 무언가를 취하며 살아갑니다. 그런데 적절하지 않고 과히 취하는 데서 탈이 납니다.

아이들은 컴퓨터 게임을 과하게 하고, 술꾼들은 술을 과하게 마십니다. 먹는 것이 과해서 비만이 되기도 하고, 너무 먹지 않아서 건강을 해치기도 합니다. 믿음이 과해서 탈이 나기도 하고, 불신이 과해서 탈이 나기도 합니다.

개인이 배탈 나듯이 대기업들은 8천억, 1조원을 토해냅니다. 우리가 사는 현대 문명은 '과히 취하는' 문명인 것 같습니다. 지나치게 편하게 살고자 석유를 쥐어짜다가 전쟁을 일으키고, 경제적 이익을 과히 취하다가 수많은 빈곤층을 만들어냅니다.

사랑도 과하면 애착이 되어 고통의 원인이 됩니다. 마음도 과하면 반드시 탈이 뒤따릅니다. 인과의 원리입니다.

진정 잘 살고 싶다면 성능 좋은 소화제를 찾기보다는 '상도에 벗어나서 과히 취' 하고 있지는 않은지 되돌아 보아야 할 것입니다. 상도를 벗어나고 있는지 아닌지를 가늠하는 것이 곧 마음공부일 것이고, 탈나지 않으려면 일단 탐욕은 버려야 할 것입니다.

악마의 소곤거림

– 사연사조 3 나(懶)

아침에 눈을 떠서 잠자리에 들 때까지 나를 소리 없이 따라다니는 악마가 하나 있습니다.

그는 틈틈이 내게 소곤소곤 속삭입니다. 자명종 시계 소리에 맞춰 일어나려는 내게 그는 사랑스런 목소리로 속삭입니다. '5분만 더 자.'

5분 후 졸린 눈을 비빌 때 또 다시 그가 속삭입니다. '5분만 더 자도 될 것 같애.'

지하철에서 노약자에게 자리를 양보하려고 할 때 또 그가 속삭입니다. '너도 피곤하잖아 그냥 못 본 척 해.'

내일의 계획으로 머리가 복잡할 때 그의 달콤한 제안이 들려옵니다. '애썼어, 그만해, 내일 생각하면 되지 뭐, 오늘은

그냥 맥주나 한 잔 해!'

학생들에게도 어김없이 속삭입니다. '아니, 게임부터 하고 나중에 공부해도 되잖니? 컴퓨터를 켜는 거야!'

추운 날씨에 운동화 끈을 조이는 손을 잡으며 속삭입니다. '네가 운동선수는 아니잖니? 오늘은 쉬어, 건강을 생각해야지'

바빠도 법회에 가려는 내게 속삭입니다. '법회 한 번 빠진다고 큰 일 나는 거 아니잖니?'

피곤한 몸으로 잠자리에 든 내게 마지막으로 속삭입니다. '벌써 티브이를 끄다니, 넌 내일 아침에 일찍 일어날 수 있어, 알람시계가 있잖아, 끝까지 보고 자!'

대종사님은 '나(懶)'-나태, 게으름에 대해 '만사를 이루려 할 때에 하기 싫어함'이라고 하셨습니다. 무언가를 이루려 할 때마다 찾아오는 달콤한 솜사탕 같은 악마의 정체입니다.

그가 사는 곳은 내 마음이고 그가 제일 많이 날리는 대사는 어느 코미디언처럼 '…하면 안 되겠니?'가 아니라, '지금 꼭 해야 되겠니?' 입니다.

곰 세 마리

– 사연사조 4 우(愚)

곰 세 마리가 있습니다. 곰돌이, 곰순이, 곰팅이 입니다.

어느 날 저는 곰 세 마리에게 숙제를 주었습니다. 단군신화를 보니 동굴에서 쑥과 마늘을 먹고 곰이 사람이 되었다는 이야기가 있으니 거기에 대한 연구보고서를 써보라는 내용이었지요.

곰돌이는 '단군이 뭐야? 당근이겠지요!' 하면서 배고프다고 나가버렸습니다. 곰순이는 '그게 신화인데 연구할 게 뭐가 있어요? 나를 곰이라고 놀리는 거죠?' 벌컥 화를 내며 가출해버렸습니다.

곰팅이는 '글쎄요, 잘 모르겠지만 인터넷도 뒤져보고 연구를 좀 해보죠' 라고 머리를 긁적이며 연구실로 갔습니다.

대종사님은 공부든 사업이든 실패로 이끄는 네 가지의 마지막으로 '어리석음– 우(愚)' 를 꼽으시고, '대소유무와 시비 이해를 전연 알지 못하고 자행자지함을 이름' 이라고 말씀하셨습니다. 알아야 할 것을 잘 모르니 무언가를 이루어내기가 정말 힘들겠지요.

그런데 어리석음엔 치심(癡心)이란 것이 하나 더 있습니다. 정산종사님은 '우는 시비를 모르는 어린 마음이요, 치는 알기는 하나 염치없고 예의없는 마음이니라. … 치심의 병근은 명예욕이며, 천치와 우는 비슷하다' 고 하셨습니다.

몰라도 좋은 곰돌이, 자존심과 체면을 내세워 배움의 기회를 놓쳐 지혜를 얻지 못하는 곰순이, 모르는 것을 인정하고 끝없이 알려고 노력하는 곰팅이. 우리들 마음속에는 어느 곰이 살고 있는지 궁금합니다. 또 알 수 없는 것 하나, 혹시 곰팅이가 연구실에서 나올 때 사람으로 변해 있을지도….

아참, 곰들에게 한 마디 – 미련하지 않은 너희들을 미련함의 상징으로 써서 미안.

인생의 요도와 공부의 요도

사은 사요는 인생의 요도(要道)요, 삼학 · 팔조는 공부의 요도인 바, 인생의 요도는 공부의 요도가 아니면 사람이 능히 그 길을 밟지 못할 것이요, 공부의 요도는 인생의 요도가 아니면 사람이 능히 그 공부한 효력을 다 발휘하지 못할지라, 이에 한 예를 들어 그 관계를 말한다면, 공부의 요도는 의사가 환자를 치료하는 의술과 같고, 인생의 요도는 환자를 치료하는 약재와 같나니라.

찐빵없는 앙꼬

– 인생의 요도 공부의 요도

앙꼬 없는 찐빵. 정작 있어야 할 것이 빠진 상태를 재밌게 표현하는 말입니다. 물론 앙꼬는 우리말 '팥소'의 일본식 표현이구요.

찐빵은 밀가루로 된 겉 부분과 팥으로 된 속 부분으로 이뤄지는데 아무리 먹어도 팥소가 나오지 않으면 허탈합니다. 반대로 달콤한 팥소가 아무리 맛있다 하더라도 그것만을 먹을 수는 없습니다. 앙꼬가 빠진 찐빵도 허망하지만 앙꼬만 달랑 있는 것도 더 이상 찐빵이 아닙니다.

대종사님은 우리의 신앙과 수행을 우리의 삶과 하나로 보았습니다.

천지님 · 부모님 · 동포님 · 법률님(사은, 四恩)의 은혜에 감사를 느끼며 보은하는 삶 그리고 자력양성 · 지자본위 · 타자녀교육 · 공도자숭배(사요, 四要)를 하는 삶이 곧 바람직한 신앙이고 행복한 삶이라고 보고 계십니다. 사람이라면 마땅히 가야할 길이라고 하십니다.

또한 삼학(三學-정신수양 · 사리연구 · 작업취사)과 팔조(八條-신 · 분 · 의 · 성, 불신 · 탐욕 · 나 · 우)의 마음공부가 공부의 긴요한 방법임을 강조하십니다.

내 삶을 이 관점에서 다시 평가해 볼 필요가 있습니다. 재산도 어느 정도 있고 여유 있는 삶을 살지만 정작 보은의 노력을 하지 않고 있거나 마음공부를 하고 있지 않다면 내 삶은 앙꼬 없는 찐빵일 수 있습니다.

반대로 수행만이 최고라고 생각하고 감사와 보은의 삶을 도외시한다면 이도 또한 찐빵 없는 앙꼬 같은 삶이라고 할 수 있습니다.

내 삶이 진정 행복하기 위해서는 무엇이 필요할까요?

사대강령

사대 강령은 곧 정각정행(正覺正行)·지은보은(知恩報恩)· 불법활용(佛法活用)·무아봉공(無我奉公)이니, 정각정행은 일원의 진리 곧 불조정전(正傳)의 심인을 오득(悟得)하여 그 진리를 체받아서 안·이·비·설·신·의 육근을 작용할 때에 불편불의(不偏不倚)하고 과불급(過不及)이 없는 원만행을 하자는 것이며, 지은보은은 우리가 천지와 부모와 동포와 법률에서 은혜 입은 내역을 깊이 느끼고 알아서 그 피은의 도를 체받아 보은행을 하는 동시에, 원망할 일이 있더라도 먼저 모든 은혜의 소종래를 발견하여 원망할 일을 감사함으로써 그 은혜를 보답하자는 것이며, 불법활용은 재래와 같이 불제자로서 불법에 끌려 세상 일을 못할 것이 아니라 불제자가 됨으로써 세상 일을 더 잘하자는 것이니, 다시 말하면 불제자가 됨으로써 세상에 무용한 사람이 될 것이 아니라 그 불법을 활용함으로써 개인·가정·사회·국가에 도움을 주는 유용한 사람이 되자는 것이며, 무아봉공은 개인이나 자기 가족만을 위하려는 사상과 자유방종하는 행동을 버리고, 오직 이타적 대승행으로써 일체중생을 제도하는 데 성심성의를 다 하자는 것이니라.

대종사님이 보고 싶어하는 사람 1

– 정각정행

처음으로 교전을 읽던 날, 소태산 대종사라는 분을 꼭 만나고 싶었습니다. 그런데 교전을 읽다보니 벌써 열반에 드셨더군요. 정말 너무나 아쉬웠습니다. 마음이 아팠습니다. 내가 너무 늦게 대종사님을 찾아왔나 하는 후회도 했습니다.

우리는 모두 대종사님을 뵙고 싶어 합니다. 그런데 가만히 생각해보면 대종사님도 우리를 보고 싶어 하신 것 같습니다. 또 특별히 아끼고 싶은 사람도 있는 것 같습니다. 당신께서 보고 싶어 한 그 사람의 모습은 정전 '교의편'을 마무리 하시며 쓰신 '사대강령'에 나와 있는 것 같습니다.

그 모습의 첫째는 '정각정행'입니다. 당신이 마음으로

그리워한 제자들의 모습. 바르게 깨닫고 바르게 행동하는 사람, 부처님의 깨달음을 바르게 이어받아 그대로 실생활에서 실천하는 사람, '일원의 진리 곧 불조 정전(正傳)의 심인(心印)을 오득(悟得)하여 그 진리를 체받아서 안 · 의 · 비 · 설 · 신 · 의 육근을 작용할 때에 불편불의(不偏不倚)하고 과불급(過不及)이 없는 원만행' 을 하는 사람, 활불(活佛)의 모습입니다.

아무리 열심히 살아도 깨달음이 없는 삶은 공허합니다. 깨달았다고 해도 실천이 없다면 헛된 깨달음입니다.

깨달음과 실천은 서로를 증명합니다. 늦은 밤 충혈 된 눈으로 그리운 사람에게 편지를 쓰는 대종사님의 모습이 떠오르는 듯 합니다.

물욕에 눈이 어두운 세상에서, 바르게 깨친 사람을 만나기 힘든 세상에서, 바르게 살아가는 사람을 보기 힘든 세상에서, 정각정행으로 살아가는 우리를 보고 싶다고 고백하듯이 정전을 쓰시는 대종사님의 그림자가 창호지 너머에서 일렁이는 듯 합니다.

대종사님이 보고 싶어하는 사람 2

- 지은보은

마음이 외롭고, 괴로울 때 마음을 가만히 들여다봅니다. 아주 깊은 곳에 원망심이 있습니다. 대종사님은 이 세상의 큰 병을 원망생활로 진단하셨습니다. 나를 둘러싼 온 세상이 모두 감사할 은혜인데, 원망하며 살아가는 모습을 안타까워 하셨습니다. 그래서 원불교의 신앙은 지은보은의 신앙입니다.

밥을 먹으며 밥알 하나를 봅니다. 밥알 하나에 따스한 봄볕과 소나기와 천둥, 번개 그리고 메뚜기 날갯짓이 스며 있습니다. 고요한 달빛 아래 물꼬를 보러 나온 농부의 발자국 소리도 들어 있습니다. 한미자유무역협정 반대 시위대의 터질 듯한 외침도 들어 있습니다. 새끼들 입에 풀칠을 하기 위해 밤을 새는 부모님들의 충혈된 눈빛도 서려있습니다. 밥알 하나에 우주가 들어 있습니다.

은혜를 느낀다는 것은 삶을 느낀다는 것입니다. 은혜를 안다는 것, 우리 존재에 대한 깊은 이해입니다. 그 이해가 바르고 깊은 때, 깨달음도 깊어집니다.

대종사님께서는 '소종래(所從來)'를 안다고 표현하셨습니다. '지은보은은 우리가 천지와 부모와 동포와 법률에서 은혜 입은 내역을 깊이 느끼고 알아서 그 피은의 도를 체받아 보은행을 하는 동시에, 원망할 일이 있더라도 먼저 모든 은혜의 소종래를 발견하여 원망할 일을 감사함으로써 그 은혜를 보답하자는 것'이라고 하십니다.

원망할 일이 있을 때, 가만히 은혜의 소종래를 묵상할 일입니다. 원망은 사라지고 감사의 마음이 가득합니다. 대종사님이 보고 싶어 하는 사람들의 이름, 지은이와 보은이입니다. 감사하며 행복하게 보은의 땀방울을 아낌없이 흘리는 이들입니다.

대종사님이 보고 싶어하는 사람 3

– 불법활용

일명 '맥가이버 칼' 이란 것이 있습니다. 원래는 다른 이름이었는데 유명한 해외드라마의 주인공 맥가이버가 이 칼을 가지고 놀라운 활약을 하면서부터 대명사가 되어버렸습니다.

맥가이버를 떠올리면서 이런 생각을 해봤습니다. '소위 맥가이버 칼을 가졌다고 맥가이버는 아니다. 맥가이버가 사용하기 시작했을 때 그 칼은 비로소 맥가이버 칼이 되는 것' 이라는.

대종사님은 우리들에게 '무궁한 묘리와 무궁한 보물과 무궁한 조화가 하나도 빠짐이 없이 갖추어 있는' 법신불 일원상을 주셨습니다. 또한 신앙과 수행을 알려주셨습니다.

하지만 실생활에서 제대로 활용을 하지 못하는 안타까운 모습을 보시고 말씀하십니다. '재래와 같이 불제자로서 불법에 끌려 세상 일을 못할 것이 아니라 불제자가 됨으로써 세상 일을 더 잘하자는 것이니, 다시 말하자면 불제자가 됨으로써 세상에 무용한 사람이 될 것이 아니라 그 불법을 활용함으로써 개인 · 가정 · 사회 · 국가에 도움을 주는 유용한 사람이 되자는 것' 이라고.

우리의 신앙과 수행은 인생의 장식물이 아닙니다. 해도 그만 하지 않아도 그만인 그런 것이 아닙니다. 인생의 굴레는 더구나 아닙니다. 대종사님은 우리에게 마음 작용하는 법을 가르쳐서 '모든 재주와 모든 물질과 모든 환경을 오직 바른 도로 이용하도록' 하셨습니다.

은혜 '은'(恩)자, 마음 '심'(心)자 하나 만으로도 두려울 것 없고, 모자랄 것이 없고, 불가능이 없는 세계로 들어갈 수 있어야 합니다.

대종사님께선 어떤 환경 속에서도 불법활용(佛法活用), 만법활용(萬法活用)하여 우리의 사명을 완수하는 진정한 활불(活佛)을 보고 싶어 하십니다.

대종사님이 보고 싶어하는 사람 4

– 무아봉공

맛있는 것을 먹으려다 자식이 걸려 못 먹는 어머니가 계십니다. 자녀들을 위해 쉬지 못하고 야근을 하는 아버지도 계십니다. 자녀의 행복이 먼저이기 때문에 고생도 달게 받아들입니다. 마찬가지로 불보살님들도 자신의 행복보다 일체중생이 먼저입니다.

모두 잠든 새벽에 마음을 맑히려 소리 없이 몸을 일으키는 사람. 기도를 해도 일체생령을 위한 기도를 먼저 하는 사람. 오늘은 세상을 위해 무슨 일을 할 것인가 고민하는 사람. 밥을 먹어도 입의 즐거움이 아니라 보은의 다짐으로 먹는 사람. 자신의 노동을 화폐가치만으로 계산하지 않는 사람. 하고 싶은 일을 하기보다는 세상에 꼭 필요한 일을 찾아서 하는 사람. 땀 흘려 일하다가 내 일이 어디까지인지 그 경계를 잊어버리는 사람. 정말 하고 싶은 일을 하기에 칭찬에도 비난에도 크게 흔들리지 않는 사람. 일이 곧 보은이어야 하기에 일 속에서 공부심을 놓지 않는 사람. 너의 행복이 나의 행복이기 때문에 네가 아프면 내가 아프기 때문에 오지랖이 넓은 사람. 챙기지 않으면 '나'를 자주 잊어버리는 사람이 있습니다. 세상이 내 집이고, 모든 사람이 내 가족인 사람이 있습니다.

대종사님 말씀입니다. '무아봉공은 개인이나 자기 가족만을 위하려는 사상과 자유방종 하는 행동을 버리고, 오직 이타적 대승행으로써 일체 중생을 제도하는데 성심성의를 다 하자는 것이니라.'

이상하지요. 나를 먼저 위하려고 하면 세상은 점차 살기 힘든 곳으로 변하지만, 서로 상대를 위하면 세상은 점점 살기 좋은 곳으로 변합니다.

일상수행의 요법

심지(心地)는 원래 요란함이 없건마는 경계를 따라 있어지나니, 그 요란함을 없게 하는 것으로써 자성(自性)의 정(定)을 세우자.

심지는 원래 어리석음이 없건마는 경계를 따라 있어지나니, 그 어리석음을 없게 하는 것으로써 자성의 혜(慧)를 세우자.

심지는 원래 그름이 없건마는 경계를 따라 있어지나니, 그 그름을 없게 하는 것으로써 자성의 계(戒)를 세우자.

신과 분과 의와 성으로써 불신과 탐욕과 나와 우를 제거하자.

원망생활을 감사생활로 돌리자.

타력생활을 자력생활로 돌리자.

배울 줄 모르는 사람을 잘 배우는 사람으로 돌리자.

가르칠 줄 모르는 사람을 잘 가르치는 사람으로 돌리자.

공익심 없는 사람을 공익심 있는 사람으로 돌리자.

그대! 히말라야를 꿈꾸는가?

– 일상수행의 요법

흔히들 다람쥐 쳇바퀴 같이 돌고 도는 일상으로부터 벗어나려고 합니다. 내 집이, 직장이, 주변이 바뀌었으면 좋겠다고 생각합니다. 나를 고달프고 짜증나게 하는 것이 많아 수행도 못하겠고 수행이 되지 않으니 내 삶은 더 꼬이고 구태의연하다고 합니다.

이 현실을 부정해야 마음의 안정과 행복한 삶이 가능한 것이 되니 어느덧 도시 한 가운데서 히말라야를 꿈꾸는 사람이 되어갑니다.

숨쉬고, 잠자고, 세수하고, 밥 먹고, 화장실 가고, 땀 흘려 일하고, 공부하고, 결혼하고 자식도 키우고, 온갖 세파 속에서 시달리기도 하고….

이런 삶은 비단 나만의 것이 아닙니다. 바로 대종사님의 삶이기도 하고 이 세상 모든 사람들의 생활입니다. 이를 일러 '일상'(日常)이라고 합니다.

이 일상, 바로 이 일상 속에서 수행하라고 말씀하십니다. 대종사님 가르침의 핵심입니다. 원불교는 생활종교이고 이는 곧 일상의 종교라는 말입니다.

내가 그토록 구태의연하게 느끼던 일상을 신앙과 수행의 실천의 장으로 다시 인식할 때 비로소 진정한 신앙과 수행이 가능합니다.

다른 데서 찾지 말고, 현실을 피하지 말고, 지금! 여기서 승부를 보라고 하십니다. 그 때 일상은 변하기 시작합니다. 주변의 사람도 환경도 어제와는 다르게 새롭게 빛나기 시작합니다.

일상수행을 하지 못하면 히말라야를 가도 구태의연한 삶을 만나게 됩니다. 일상을 수행으로 살아갈 때 광대무량한 낙원이 모습을 드러냅니다. 무엇보다 값지고 두 번 다시 오지 않는 소중한 순간으로서의 새로운 '일상'이 찾아옵니다. 일상수행은 나와 일상의 본래의 빛, 광휘를 드러내 줍니다.

정기훈련법

공부인에게 정기(定期)로 법의 훈련을 받게 하기 위하여 정기 훈련 과목으로 염불(念佛) · 좌선(坐禪) · 경전(經典) · 강연(講演) · 회화(會話) · 의두(疑頭) · 성리(性理) · 정기일기(定期日記) · 상시일기(常時日記) · 주의(注意) · 조행(操行) 등의 과목을 정하였나니, 염불 · 좌선은 정신수양 훈련과목이요, 경전 · 강연 · 회화 · 의두 · 성리 · 정기일기는 사리연구 훈련과목이요, 상시일기 · 주의 · 조행은 작업 취사 훈련과목이니라.

염불은 우리의 지정한 주문(呪文) 한 귀를 연하여 부르게 함이니, 이는 천지 만엽으로 흩어진 정신을 주문 한 귀에 집주하되 천념 만념을 오직 일념으로 만들기 위함이요,

좌선은 기운을 바르게 하고 마음을 지키기 위하여 마음과 기운을 단전(丹田)에 주(住)하되 한 생각이라는 주착도 없이 하여, 오직 원적무별(圓寂無別)한 진경에 그쳐 있도록 함이니, 이는 사람의 순연한 근본정신을 양성하는 방법이요,

경전은 우리의 지정 교서와 참고 경전 등을 이름이니, 이는 공부인으로 하여금 그 공부하는 방향로를 알게 하기 위함이요,

강연은 사리간에 어떠한 문제를 정하고 그 의지를 해석시킴이니, 이는 공부인으로 하여금 대중의 앞에서 격(格)을 갖추어 그 지견을 교환하며 혜두(慧頭)를

단련시키기 위함이요,

회화는 각자의 보고 들은 가운데 스스로 느낀 바를 자유로이 말하게 함이니, 이는 공부인에게 구속 없고 활발하게 의견을 교환하며 혜두를 단련시키기 위함이요,

의두는 대소유무의 이치와 시비이해의 일이며 과거 불조의 화두(話頭) 중에서 의심나는 제목을 연구하여 감정을 얻게하는 것이니, 이는 연구의 깊은 경지를 밟는 공부인에게 사리간 명확한 분석을 얻도록 함이요,

성리는 우주만유의 본래이치와 우리의 자성원리를 해결하여 알자 함이요,

정기일기는 당일의 작업시간 수와 수입 지출과 심신작용의 처리건과 감각(感覺) 감상(感想)을 기재시킴이요,

상시일기는 당일의 유무념 처리와 학습상황과 계문에 범과 유무를 기재시킴이요,

주의는 사람의 육근을 동작할 때에 하기로 한 일과 안 하기로 한 일을 경우에 따라 잊어버리지 아니하고 실행하는 마음을 이름이요,

조행은 사람으로서 사람다운 행실 가짐을 이름이니, 이는 다 공부인으로 하여금 그 공부를 무시로 대조하여 실행에 옮김으로써 공부의 실효과를 얻게 하기 위함이니라.

사과깎기

– 훈련

과도로 사과를 깎는 일, 별 일도 아닙니다. 하지만 어린 아이가 과도를 들고 깎으려들면 별 일이 됩니다. 다칠까봐 불안하기 짝이 없습니다. 아이가 나도 할 줄 안다고 떼를 써도 다치는 것을 보느니 차라니 내가 하지 하는 생각으로 과도를 빼앗는 경우가 많습니다.

그러면서 속으로 생각합니다. 결국 이 어린 아이도 언젠가는 사과를 스스로 깎아야 할 텐데 ….

어른들 가운데서도 손님 앞에서 과일을 깎게 하기가 불안한 사람이 없지 않습니다. 과일 깎는 불안한 손놀림 때문에 마음을 빼앗겨 대화가 끊어지곤 합니다.

대산종사님은 '대종사님께서는 물건 관리하시는 것이나 사과 깎는 것 등의 크고 작은 일에 이르기까지 보통사람보다 빠르고 정확하시었다. 이는 영통만을 하시어 그런 것이 아니라 실지훈련을 통해 단련하셨기 때문' 이라고 하셨습니다.

대종사님께서는 '… 사람이 세상에서 도덕의 훈련이 없이 보는 대로 듣는 대로 생각나는 대로 자행자지하여 인도 정의에 탈선되는 행동을 하는 것은 젖 떨어지기 전의 방종한 송아지가 자행자지로 뛰어다닐 때와 같다' 고 훈련의 중요성을 강조하셨습니다.(수행품55장)

사과 한 알을 제대로 깎는 것도 훈련이요, '보통 사람과는 판이한 인격' 을 가지게 하는 것도 훈련입니다. 즐겁게 사과 깎는 연습을 하듯이, 즐겁고 신나게 행복을 훈련해야겠습니다. 대종사님 법대로 하기만 하면 그 결과는 대종사님께서 보장하십니다. 행복, 나 하기에 달렸습니다.

안주 또는 안거

– 정기훈련

불보살님들은 동과 정이 둘이 아니어서 일상 속에서 신앙하고 수행하는 것이 그대로 법도에 맞아 늘 진급하는 삶을 삽니다.

하지만 공부가 덜 된 사람들에겐 밥 먹고 숨쉬듯 자연스럽게 신앙하고 수행한다는 것이 참으로 어렵습니다. 나름대로 노력을 하지만 시간이 지나면 일상엔 때가 끼고 삶은 고인 물처럼 정체하게 됩니다. '이건 아닌데…' 라는 회의에 빠지게 됩니다.

내가 가고 있는 인생길, 공부길이 맞는 것인지 돌아보게 됩니다. 고갈된 삶의 에너지도 충전하고 싶습니다. 이 때 필요한 것이 정기훈련입니다. 기간을 정해서 전문적으로 우리 교법으로 훈련하고 단련하는 것입니다.

집에서도 목욕을 하지만 가끔 온천에 가서 뜨거운 물에 몸을 푹 담그는 것과 같고, 대나무가 중간 중간 매듭을 지으며 하늘로 솟아나는 것과 같습니다.

대산 종사님께서는 우리의 정기훈련과 상시훈련에 관해 '이 훈련법은 과거 성현들께서도 개척하지 못했던 법' 이라고, 그 위대성과 중요성을 말씀해 주셨습니다.

그저 심신이 편안한 삶을 원한다면 그것은 안주(安住)입니다. 하지만 편안한 삶만으로 만족할 수 없을 때 필요한 것은 안거(安居)입니다. 초창기 교단에서 3개월씩 했던 동선과 하선, 스님들의 동안거 하안거는 대표적인 정기훈련의 예입니다.

1년의 삶을 새롭게 하려면 여름이든 겨울이든 교단 내 훈련기관을 찾아 정기훈련을 하고, 한 달을 새롭게 하려면 교당에서 진행하는 각종 훈련에 참여하면 됩니다.

일주일을 싱그럽게 살려면 정례법회에 빠지지 않아야 하고, 하루를 잘 살려면 아침 저녁으로 시간을 정해서 마음공부해야 합니다.

상시훈련법

공부인에게 상시로 수행을 훈련시키기 위하여 '상시응용 주의사항 (常時應用 注意事項)' 육조(六條)와 '교당내왕시 주의사항 (敎堂來往時 注意事項)' 육조를 정하였나니라.

상시응용 주의사항

응용(應用)하는 데 온전한 생각으로 취사하기를 주의할 것이요,

응용하기 전에 응용의 형세를 보아 미리 연마하기를 주의할 것이요,

노는 시간이 있고 보면 경전 · 법규 연습하기를 주의 할 것이요,

경전 · 법규 연습하기를 대강 마친 사람은 의두연마 하기를 주의할 것이요,

석반 후 살림에 대한 일이 있으면 다 마치고 잠자기 전 남은 시간이나 또는 새벽에 정신을 수양하기 위하여 염불과 좌선하기를 주의할 것이요,

모든 일을 처리한 뒤에 그 처리건을 생각하여 보되, 하자는 조목과 말자는 조목에 실행이 되었는가 못 되었는가 대조하기를 주의할 것이니라.

교당내왕시 주의사항

상시응용 주의사항으로 공부하는 중 어느 때든지 교당에 오고 보면 그 지낸 일을 일일이 문답하는 데 주의할 것이요,

어떠한 사항에 감각된 일이 있고 보면 그 감각된 바를 보고하여 지도인의 감정 얻기를 주의할 것이요,

어떠한 사항에 특별히 의심나는 일이 있고 보면 그 의심된 바를 제출하여 지도인에게 해오(解悟) 얻기를 주의할 것이요,

매년 선기(禪期)에는 선비(禪費)를 미리 준비하여 가지고 선원에 입선하여 전문 공부하기를 주의할 것이요,

매 예회(例會)날에는 모든 일을 미리 처결하여 놓고 그 날은 교당에 와서 공부에만 전심하기를 주의할 것이요,

교당에 다녀갈 때에는 어떠한 감각이 되었는지 어떠한 의심이 밝아졌는지 소득 유무를 반조(返照)하여 본 후에 반드시 실생활에 활용하기를 주의할 것이니라.

주의하세요

– 상시훈련법

먹고 싶은 대로 먹는 사람이 있습니다. 되는 대로 말하는 사람이 있습니다. 내 맘대로 운전하는 사람이 있습니다. 대종사님께서는 이들에게 뭐라고 하실까요?

대종사님의 수행법은 '늘' 하는 수행입니다. 걷고, 서고, 앉고, 숨쉬고, 밥 먹고, 말하고, 운전하고, 일하는 가운데 하는 수행입니다. 그래서 '상시훈련법'(常時訓練法)을 내어주셨고, 그 내용은 '상시응용 주의사항'과 '교당내왕시 주의사항'으로 나뉩니다.

상시로, 늘 하는 훈련의 핵심은 무엇일까요?

도대체 어떻게 해야 생활과 수행이 둘이 아닐 수 있을까요? 그 답은 교전에 나온 그대로입니다. 바로 '주의' 입니다. '주의할 것이요' 라는 말씀이 모두 열 두 번이나 반복되고 있습니다. 주의하고, 주의하고 또 주의하라는 말씀입니다. 늘 주의하는 것이 수행의 기본인 셈입니다.

국어사전엔 '마음에 새겨 조심함' 으로, 교전에는 '사람의 육근을 작용할 때에 하기로 한 일과 안 하기로 한 일을 경우에 따라 잊어버리지 아니하고 실행하는 마음' 으로 풀어주신 '주의' 없이는 수행을 시작할 수 조차 없습니다.

과연 주의 하지 않고 살아가는 사람이 이 세상을 행복하게 살 수 있을까요?

방심으로는 그 어떤 수행도 행복도 불가능합니다. 주의는 결코 어린아이들이나 하는 것이 아닙니다. 주의하며 생활할 때 생활은 곧 수행이고, 내가 있는 곳은 청정 도량입니다. 행복은 별 모양도 없이 소리도 없이 거기에 함께 할 것입니다.

이건 아니잖아?

– 상시응용 주의사항 1조

무언가 노력을 하긴 했는데 그 결과가 생각과 다릅니다. 분명히 행복을 위해 땀 흘렸는데 그 결과는 불행합니다.

서로 좋자고 한 일인데 결과는 서로에게 해가 될 때, 마음속에서 '아! 이건 아닌데…' 하는 후회가 일어납니다.

그리고 그 원인을 흔히들 밖에서 구하곤 합니다. 여건을 탓하고, 사람을 탓하며 스스로를 달래곤 합니다.

하지만 정말 이것이야 말로 '이건 아니잖아?' 입니다. 바깥을 탓하고 다른 사람들을 탓하기 전에 내 탓을 하고 내 마음을 돌아보아야 합니다.

대종사님은 '응용(應用)하는 데 온전한 생각으로 취사하기를 주의할 것' 이라고 주의를 주고 계십니다.

정신수양, 사리연구, 작업취사를 '온전한 생각으로 취사하기' 로 간단히 표현해 주신 것은 일상생활 속에서 조금이라도 더 쉽게 삼학수행을 하도록 하기 위한 자비방편입니다.

밥을 먹든, 사과를 깎든, FTA 협상을 하든, 6자회담을 하든, 콩나물을 사든 모든 일을 할 때마다 나의 심신작용을 어떻게 할 것인가? 온전한 생각으로 취사를 해야 합니다. 일단 멈춰서, 깊이 생각한 다음, 결정하고 행동해야 합니다.

하루에도 내가 만나는 경계는 수도 없습니다. 그 경계에 응(應)하여 심신작용(用)을 할 때마다 마음속으로 외우고 외워야 합니다. 온전한 생각으로 취사하자, 온전한 생각으로 취사하자….

그럴수록 '이건 아니잖아' 라고 후회 할 일이 점점 줄어들 것입니다. 행복은 온전한 생각으로 취사하는 가운데 소리 없이 찾아옵니다.

내 안의 점쟁이

– 상시응용 주의사항 2조

어떻습니까? 점을 보러 다니십니까? 점 따위는 무시하고 살아가십니까? 복채 몇 만원 또는 몇 십 만원에 나의 미래를 맡기고 계십니까?

미래(未來)란 '아직 오지 않음'을 뜻합니다. 그래서 미래란 불확실한 것이고, 그래서 또 불안하기도 합니다. 그렇다고 모두 불안에 떠는 것은 아닙니다. 어떤 사람은 편안하게 미래를 맞이하기도 합니다.

미리 준비하는 사람에게 미래는 불안이 아니라 기대이고, 기회입니다. 미래란 진리의 손길 따라 내게 다가오는 신비로움입니다. 미래를 개척하는 능력은 정말 소중합니다.

우리의 수행은 이런 능력을 키우도록 하고 있습니다. 대종사님께서는 생활 속에서 '응용하기 전에 응용의 형세를 보아서 미리 연마하기를 주의' 하라고 당부하십니다.

등산 가는 사람의 배낭 속을 보면 그 사람의 등산 실력을 알 수 있습니다. 설계도를 보면 건물을 알 수 있습니다. 지금 준비하는 것을 보면 그 사람의 미래를 알 수 있습니다.

'응용의 형세를 보아 미리 연마하는 공부' 는 오묘한 인과의 이치를 깨달아가는 과정입니다. 이 공부는 우리 안에 숨어 있는 연구력을 깨어나게 합니다.

연구력은 지혜의 빛을 발하게 하고 이 지혜 광명 앞에 불안의 그림자는 자취를 감춥니다. 지금 이 글을 읽고 나서 무엇을 할 예정이신가요?

그냥 하시지 말고, 습관적으로 하시지 말고, 미리 응용의 형세를 보아서 연마하시고 행동하십시오. 미래는 다른 모습으로 다가옵니다.

이것이 대종사님 제자들이 신령한 부처님의 지혜광명으로 미래를 개척하는 방법입니다. 세상에 이보다 용한 점쟁이는 없습니다.

시간 없다는 거짓말

– 상시응용 주의사항 3조

챙겨야 할 일을 챙기지 못하고 나서 말합니다. '시간이 없어서…', 사람으로서 해야 할 도리를 하지 않고도 '바빠서…' 라고 변명을 합니다.

마음을 돌이켜 다시 들여다봅니다. 정말 그런가? 정말 피치 못해서 그랬는가? 내게 묻습니다. 가혹하게, 좀 심하게 표현하자면 그건 '거짓말' 입니다. 바쁘지 않은 사람이 누가 있겠습니까?

어린이집을 다니는 어린 아이도 하루가 숨가쁩니다. 우리는 어제보다 나은 오늘과 내일을 살기 위해 신앙과 수행을 합니다. 하지만 새로운 노력 없이 막연히 변화만을 바라는 경우가 너무 많습니다.

시간이 없어서 좌선을 못하고, 바빠서 교전 볼 시간이 없고, 피곤해서 법회를 거르고…. 변명이 끝이 없습니다. 그 변명을 늘어놓는 자신에게 정색을 하고 한 마디 질문을 던집니다. 정말 그런가? 라고. 그래도 대답이 없다면 좀 더 아프게 다시 질문해야 합니다.

그렇게 바빠서 신문도 못 보았는지, 시간이 없어서 커피 한 잔도 못 마셨는지, 지하철에선 멀뚱멀뚱 거리지도 않았는지, 텔레비전 드라마도 보지 않았는지, 바빠서 끼니를 걸렀는지, 사랑하는 사람에게 전화 한 통도 하지 않았는지….

진정으로 원하는 것, 정말로 중요하다고 생각하는 것, 그것을 하고야 마는 존재가 인간입니다.

삶을 변화시키고 싶다면 지금 당장 삶의 우선 가치를 다시 생각해야 할 것입니다. 끝없는 변명과 진리의 말씀이 한 자리에 있을 수는 없습니다.

대종사님 말씀입니다. '노는 시간이 있고 보면 경전 · 법규 연습하기를 주의할 것이요.'

시간은 내는 것입니다. 소중한 것을 위해.

신분증 좀 봅시다

– 상시응용 주의사항 4조

예전엔 툭하면 길거리에서 불심검문을 받곤 했습니다. 주민등록증이 없으면 파출소나 경찰서로 끌려가야했습니다. 요즘도 관공서를 들어가려면 출입증을 달아야 하고, 큰 기업체의 특정 부서는 ID카드가 없으면 출입이 곤란합니다. 돈 쓰는 자리에서는 신용카드가 있어야 신용이 증명됩니다.

저의 지갑에는 '교무신분증' 이라는 것도 있습니다. 원불교의 교역자라서. 그런데 누군가 길을 막으며 '당신은 수행자 맞습니까?' 라고 물어온다면 어떻게 증명해야 할까요? 주민증, 신용카드, 교무증은 소용이 없겠지요. 다른 무엇인가가 있어야겠지요.

여기 그 대답 가운데 하나가 있습니다. '수행자의 주머니에 다른 것은 없어도 의두는 있어야 한다' 는 대산종사님 말씀입니다.

수행자라면 늘 모르는 것이 많아야 하고, 법신불 사은님 앞에 늘 겸손하게 배우는 학생이어야 합니다. 가슴 속 깊이 '알 수 없음' 을, '알고 싶은 그 무엇' 을 소중한 보물처럼 간직하고 살아야 수행자라고 할 수 있겠습니다. 모르는 것이 있을 때 배움이 가능하고, 의심이 있을 때 비로소 깨달음이 가능합니다.

범부들은 근거 없는 확신으로 살지만 수행자들은 초롱초롱한 의두로 조심조심 살아갑니다. 하지만 결국 오리무중의 삶은 범부의 삶이요, 점점 명료한 삶을 사는 것은 수행자의 삶입니다.

의두는 무형한 진리계를 출입하려는 수행자의 신분증입니다. 오늘도 '경전 · 법규 연습하기를 대강 마친 사람은 의두 연마하기를 주의' 하라고 대종사님께서 당부하십니다. 바쁜 일터에서든, 호젓한 가을 들녘에서든 무형한 신분증 잊어버리지 말라고.

마음설거지

– 상시응용 주의사항 5조

어떠십니까? 저녁식사를 마치고 바로 설거지를 하시는 편인가요? 아니면 미루고 미루다 잠들기 직전이나 아침에야 하시는 편인가요? 만만치 않은 일상 속에서 염불, 좌선 등의 정신수양 공부를 하기란 쉽지 않습니다.

하지만 시간이 없어서 정신수양공부하기 힘들다는 분들에게 대답하시듯이 대종사님께서 말씀하십니다. '석반 후 살림에 대한 일이 있으면 다 마치고 잠자기 전 남은 시간이나 또는 새벽에 정신을 수양하기 위하여 염불과 좌선하기를 주의' 하라고.

집안 일은 흔히 끝이 없다고 합니다. 그만큼 가짓수가 많고 양도 많다는 것이지요. 그래서 가사를 핑계 삼기 시작하면 사실 반론하기가 쉽지 않습니다.

하지만 공부하려는 마음을 내서 가만히 살펴보면 여유 시간을 낼 수 있습니다. 내 삶의 우선가치를 다시 생각한다면 핑계는 사라집니다.

대종사님께서 살림살이를 하지 말라는 것도 아니고, 생업을 포기하라는 것도 아닙니다. 생활 속에서 시간을 내서 염불과 좌선을 하라고 권유하고 계신 것입니다.

오늘부터라도 가족들이 서로 도와서 가사를 분담하고 가족들이 함께 염불도 하고, 좌선도 하고, 기도도 한다면 우리 집이 바로 낙원가정이고 광대무량한 낙원입니다.

바쁜 일상 속에서 공부가 살림살이에 밀릴 때면 마음속으로 이렇게 되뇌어 보십시오.

'설거지는 했는데 마음 설거지를 거를 수는 없잖아?' 세수는 했는데 마음 세수를 하지 않을 수는 없잖아?' 라고. 그리고 5분이라도 하는 겁니다. 이부자리 위에서라도.

나 잘 살고 있는 거야?

– 상시응용 주의사항 6조

잘한다 잘한다 하면 잘하고, 못한다 못한다 하면 못한다고 합니다. 우리 마음이 그렇긴 하지만 이렇게 산다면 뭔가 위태롭습니다.

내가 내 삶을 정확히 평가하지 못하고 다른 사람의 평가에 의존한다면 내가 주인 되는 삶이 아닙니다. 수많은 사람들이 자신의 행위에 대한 평가에 전전긍긍 불안해 합니다. 남의 평가에 불안해 하기에 앞서 스스로를 평가할 필요가 있습니다.

'모든 일을 처리한 뒤에 그 처리 건을 생각하여 보되, 하자는 조목과 말자는 조목에 실행이 되었는가 못 되었는가 대조하기를 주의할 것이니라' 는 말씀으로 대종사님은 상시응용 주의사항 6조를 마무리하고 계십니다.

배가 고파서 음식점에 가서 음식을 먹고 왔습니다. 목적을 달성한 셈입니다. 그런데 동료들끼리 화합을 위해 회식을 하러 갔다가 메뉴를 선택하는 중에 다투어서 분위기가 서먹해졌다면, 배는 부르건만 마음은 찜찜합니다. 이때는 분명 잘못한 회식이고, 잘못 처리한 일입니다.

오늘 하루도 그렇고, 한 평생도 마찬가지입니다. 작은 날들이 낱낱이 모여서 하루도 되고, 일생도 됩니다. 그 일 그 일을 소홀히 하면서 성공하는 인생, 행복한 인생을 이루려 한다면 앞뒤가 맞지 않습니다.

어떤 일이건 그 일을 하고자 하는 명료한 목적이 있어야 하고, 그 목적이 있어야 '하자는 조목' 도 있고, '하지 말자는 조목' 도 있습니다. 그 다음에야 비로소 '대조' 를 할 수 있습니다.

그저 막연히 '나 잘 살고 있는 거야?' 라고 자문하지 말고, 상시응용주의사항 6조를 대조할 일입니다. 하루는 보람되고, 일생은 은혜 가득할 것입니다.

교당은 건물이 아닙니다

– 교당내왕시 주의사항

어떤 음식점에 가면 계단 부근에 '머리 주의' 라고 써 붙인 데가 있습니다. 머리를 숙이지 않으면 머리를 다치니 주의하라는 것이죠.

제가 살고 있는 연천군은 곳곳에 '지뢰주의' 라는 푯말이 있습니다. 오래전에 묻힌 지뢰를 조심하라는 것이죠.

그런데 도대체 교당 천정이 낮은 것도 아니고 지뢰가 있는 것도 아닌데 대종사님은 무려 6가지 주의사항을 말씀하십니다.

흔히 교당은 건평 100평, 200평과 같이 물리적 공간으로 표현되곤 하지만 교당은 분명 물리적 공간만은 아닙니다. 만일 학교가 건물일 뿐이라면 학교를 다니는 학생들은 모두 공부가 절로 되어야 합니다. 마찬가지로 교당이 건물일 뿐이라면 교당을 다니는 사람들은 모두 마음공부가 절로 되어야 할 것입니다.

하지만 학생이 배우려는 마음 없이 학교를 아무리 다녀도 성적이 오르지 않는 것과 같이 교당도 마찬가지입니다. 그냥 다닌다고 마음이 변화되고, 인격이 나아지고, 지혜와 복락이 얻어지는 것은 결코 아닙니다.

마음을 빼놓고 덜렁 덜렁 다니는 교당은 그저 무미건조한 건물에 불과합니다. 몸이 아니라 간절한 마음을 실어서 다녀야 교당에 다니는 무량공덕이 샘솟습니다. 이 마음이 비로소 교당을 교당이게 하는 핵심입니다.

이 한 마음을 챙기면 초입 교도도 쉽게 운명을 바꿀 수 있지만, 이 마음을 챙기지 못하면 아무리 오래 다녀도 삶의 변화는 어렵기만 합니다.

이 마음을 대종사님께서 다음과 같이 6가지로 말씀하고 계십니다. 덜렁 덜렁 다니는 모습이 무던히도 안타까우셨던 모양입니다. 우리 모두 교당을 제대로 다니고 있는지 반조해 봐야겠습니다.

마음공부 수다를 떠세요

– 교당내왕시 주의사항 1조

부처님께 절을 하고 설법을 듣는 것만으로도 공덕이 큽니다. 그러나 교당에선 뭔가 다른 것을 더 해야 합니다. 교당은 그저 좋은 법문을 듣고 가는 곳이 아닙니다.

대종사님은 '상시응용 주의사항으로 공부하는 중 어느 때든지 교당에 오고 보면 그 지낸 일을 일일이 문답하는 데 주의' 하라고 당부하고 계십니다.

다시 한 번 말씀드리지만 교당은 건물만을 의미하지 않습니다. 교당에 스승님, 지도인이 계시기 때문에 교당인 것입니다.

내 마음의 변화, 내 인격의 변화는 건물이 시켜주는 것이 아니라 스승님, 지도인이 도와주는 것입니다. 교무님이나 교화

단장님들이 그 분들이지요. 이 분들과의 만남이 곧 교당내왕의 전제 조건인 것이지요.

교당의 문을 연다는 것은 마음의 문을 연다는 것입니다. 마음을 연다는 것은 입을 열어 내 마음을 표현한다는 것을 의미합니다.

가급적이면 교무님 또는 교화단장님과 일주일 동안 마음공부 한 이야기를 낱낱이 하는 것이 교당에 와서 첫 번째로 해야 할 일인 것입니다.

어느 미장원이 파마를 잘하더라, 어느 아파트가 얼마가 올랐다더라 하는 이야기는 아무데서나 할 수 있는 수다입니다. 그런 수다 말고 마음공부한 이야기를 교무님이나 법 높은 지도인과 솔직하게 이야기 할 수 있어야 합니다. 말하지 않으면 지도인이 지도를 해줄 수가 없는 것입니다.

말하기 시작하면 외롭지 않고, 지혜를 얻으며, 스승과 동지를 얻을 수 있습니다. 법다운 수다, 떨수록 좋습니다. 법담으로 시끌시끌한 교당이 행복한 교당입니다.

박세리, 최경주, 타이거우즈

- 교당내왕시 주의사항 2조

누구나 아는 정상급 골프 선수입니다. 이들이 침체기를 극복했을 때의 이야기엔 거의 빠지지 않고 나오는 내용이 있더군요. 어떤 코치의 지도로 자세를 교정했다던가. 어떤 숨은 노력을 하고 침체기를 극복했다는.

세계 정상급 선수니까 알아서 혼자 연습하면 되는 것 아닌가 생각했지만 그렇지 않았습니다. 더 열정적으로 스승을 찾아 배우고 있는 것입니다. 그래서 미세한 자세 하나를 교정하면서도 어마어마한 거금을 들입니다.

인생에 성공한 사람의 이야기를 들어보면 꼭 성공의 계기를 마련해준 스승님이 있습니다. 대종사님께서는 '어떠한 사항에 감각된 일이 있고 보면 그 감각된 바를 보고하여 지도인의 감정 얻기를 주의' 하라고 말씀하십니다.

감각(感覺)된 바란 느끼고 깨달은 바를 의미합니다. 중생의 감각과 부처님의 감각은 같으면서도 다릅니다. 같은 삶을 사는 것 같아도 깨달은 분의 삶은 무언가 다릅니다. 무엇이 어떻게 다른가를 알지 못하면 부처님의 길로 나아갈 수 없습니다.

대종사님은 '기술을 배우는 사람은 그 스승에게 기술의 감정을 받아야 할 것이요, 도학을 배우는 사람은 그 스승에게 시비의 감정을 받아야 하나니, 기술을 배우는 사람이 기술의 감정을 받지 아니하면 그 기술은 줄맞은 기술이 되지 못할 것이요, 도학을 배우는 사람이 시비의 감정을 받지 아니하면 그 공부는 요령 있는 공부가 되지 못하리라' (수행품49장)고 말씀하십니다.

내 삶의 감정사, 행복 길잡이는 누구냐고 묻고 계십니다. 교당에 왜 오냐구요? 지도인에게 감정 받으러!

참, 답답한 사람

– 교당내왕시 주의사항 3조

세상에 답답한 사람은 누구일까요? 아주 작은 감방에 갇힌 죄수일까요? 누명을 쓰고 괴로워하는 사람? 모르는 문제를 앞에 둔 학생? 짝사랑으로 속을 태우는 사람? 깨달음을 얻지 못해 애를 태우는 수도승? ….

제 생각에 참 답답한 사람은 '묻지 않는 사람'입니다, 모르는데도 묻지 않는 사람. 답을 모르는 사람은 많지만, 답을 얻기 위해 잘 묻는 사람은 드뭅니다. 세상에 지혜 있는 사람이 적은 이유입니다.

이 세상에서 그 누구도 질문하지 않고 답을 얻은 사람은 없습니다. 물음은 해답을 꽃피우는 씨앗입니다. 물음은 스승님을 모실 수 있는 최상의 초대장입니다. 물음은 인간을 만물의 영장이게 하는 특권입니다. 진솔한 물음은 어리석음의 감옥을 열어주는 단 하나의 열쇠입니다. 겸손한 물음은 오히려 그 사람의 인격을 드러나게 합니다.

대종사님은 우리들에게 말씀하십니다. '어떠한 사항에 특별히 의심나는 일이 있고 보면 그 의심된 바를 제출하여 지도인에게 해오(解悟) 얻기를 주의' 하라고.

교당에 올 때마다 챙겨야 할 것, 첫 번째가 바로 의심입니다. 시간이 없으면 전화라도 하고, 이메일이라도 해야 합니다. 위대한 성현님들의 삶도 결국 묻고 또 묻는 과정이었고, 답을 얻은 다음의 삶은 제자들의 질문에 답하는 과정이었습니다.

공자님은 '예(禮)란 무엇입니까?' 라는 질문 하나를 하기 위해 수 천리 먼 길을 마다하지 않고 노자님께 가셨고, 대종사님은 진리에 대한 물음으로 숱한 세월을 보내셨습니다. 우리 삶을 다시 반조해 보아야겠습니다. 모르는 것을 물어보는 그 순간, 그 자리가 바로 교당입니다.

지상 최고의 휴가

– 교당내왕시 주의사항 4조

지난 여름 휴가는 어떠셨나요? 즐거우셨습니까? 피곤하셨나요? 겨울 휴가 계획은 없으신가요? 여기 아주 멋진 휴가 상품 하나 소개합니다.

이 휴가는 좀 독특합니다. 멀리 떠나지만 경비는 많이 들지 않습니다. 사람이 많이 모여 있지만 시끄럽지는 않습니다. 10시면 자야하니 고스톱을 칠 수는 없습니다. 일찍 잤으니 새벽에 일어나야 합니다. 어두컴컴한 가운데 허리를 곧추 세우고 좌선을 합니다. 독경을 하고 요가를 합니다.

소박한 반찬으로 식사를 합니다. 삼겹살에 소주는 불가능합니다. 이곳에선 재미있는 티브이 연속극도 볼 수 없고 긴급뉴스도 긴급하지 않습니다.

오히려 '내 마음'을 들여다보라고 합니다. 보고 있어도 그게 다가 아니니 깊이 보고, 속속들이 보라고 합니다. 부처님들과 성현님들의 가르침을 배우고 익힙니다.

노래방 가서 소리쳐 노래할 시간에 향 내음 가득한 법당에서 목탁 소리에 염불을 하고 일기를 쓰며 하루를 반성하고 간절한 마음으로 기도를 합니다. 우리는 이런 휴가를 '선(禪)'이라고 합니다.

'매년 선기(禪期)에는 선비(禪費)를 미리 준비하여 가지고 선원에 입선하여 전문 공부하기를 주의' 하라고 대종사님께서 말씀하십니다. 내 존재의 이유를 깨닫고 새롭게 태어나는 휴가, 이 지상 최고의 휴가 프로그램 개발자는 소태산 대종사님이십니다.

미리 꿈꾸고 준비해야 맛볼 수 있는 진정한 휴가입니다. 교도님들만 갈 수 있는 특별한 휴가입니다. 놓치면 후회합니다. 궁금한 점은 지역별 여행사 지사 – 교당에 문의하시기 바랍니다.

이상하게 바쁜 날

– 교당내왕시 주의사항 5조

사무실에서 중요한 일을 하려고 합니다. 일을 하기 전에 먼저 책상을 치우게 됩니다. 불필요한 것을 치워서 책상을 말끔히 비웁니다.

누가 아름다운 꽃을 선물했습니다. 이 꽃을 어지럽혀진 더러운 탁자 위에 놓을 순 없습니다. 탁자를 정돈하고 깨끗이 치우고 한 가운데 꽃을 놓습니다.

소중한 사람으로부터 전화가 왔습니다. 시끄러운 소음 속에서 통화를 할 수는 없습니다. 주위의 소란한 소리를 비우고 조용히 통화를 합니다.

매연 가득한 도심에서 휘황한 네온싸인 불빛속에서 하늘을 봅니다. 하늘이 보일지는 몰라도 영롱한 별빛을 보긴 어렵습니다. 매연과 인공의 불빛을 비운 자리에서 별은 빛납니다.

귤로 가득한 바구니에 사과를 담으려 한다면 몇 개의 귤이라도 덜어내야 합니다. 비운 만큼 채울 수 있습니다. 마음의 세계도 다르지 않습니다. 비어 있는 마음에 소중한 것이 깃들 수 있습니다. 아니 그래서 가장 소중한 일이 비우는 것일 수도 있습니다.

비움의 스승님이신 대종사님께서 당부하십니다. '매 예회 날에는 모든 일을 미리 처결하여 놓고, 그 날은 교당에 와서 공부에만 전심하기를 주의' 하라고.

장독 뚜껑을 덮지 않고 법회에 왔는데 비가 오면 마음이 장독으로 가버립니다. 몸은 법회에 있어도 마음은 다른 곳에 있게 됩니다.

법회 날! 저도 압니다. 이상하게 바쁜 일들이 몰려드는 날입니다. 하지만 비워야 합니다. 일정도 비우고, 마음도 비우고 와야 합니다. 비우고 교당에 와야 법신불 사은님께서 가장 소중한 것으로 채워주실 수 있습니다.

덜렁 덜렁

– 교당내왕시 주의사항 6조

어린 아이들은 잠을 잘 때 키가 큰다는데 키가 다 자란 어른은 언제 클까요? 몸의 키가 아니라 마음의 키 말입니다.

대답하기가 쉽지 않습니다. 어쩌면 마음의 성장, 인격의 성숙이 이뤄지는 순간들을 놓치고 있기 때문인지도 모릅니다. 내가 성장하고 있다면 그 성장이 언제 이뤄지는지 알아차리고 있어야 할 것입니다.

사실 그것은 어떤 결정적 계기가 아니라 천만경계 속에서 이뤄집니다. 그래서 더 알아차리기가 쉽지 않은지도 모릅니다.

밥을 먹다가, 길을 가다가, 숨을 쉬다가, 대화를 나누다, 돈을 세다가, 욕을 먹다가도 내 영혼의 키는 클 수 있고, 내 인격은 새로워질 수 있습니다. 단, 그 순간들을 무심히 놓치지 말아야겠지요.

물건을 사고 거스름돈을 받았는데 모자란다면 우리는 반드시 가게로 돌아가 주인에게 돈을 마저 달라고 할 것입니다. 하지만 어떤 경계를 지내며 아무 깨달음도 없고 소득도 없다고 해서 이를 아깝게 생각하는 사람이 몇이나 될까요?

깨달음에 대한 간절한 마음이 있을 때, 인격 완성에 대한 서원이 가득할 때 천만경계는 공부꺼리고 깨달음의 밑거름입니다. 덜렁덜렁 아무 생각없이 학교를 가는 학생처럼 교당엘 다니면 별로 얻는 것이 없습니다.

대종사님은 '교당에 다녀갈 때에는 어떠한 감각이 되었는지 어떠한 의심이 밝아졌는지 소득유무를 반조하여 본 후에 반드시 실생활에 활용하기를 주의할 것' 이라고 말씀하십니다. 얻는 것이 없는 교당 내왕은 필요 없으며, 얻은 것은 반드시 실생활에서 빛나게 쓰여져야 한다는 말씀입니다.

교당에서 무엇을 얻고 계십니까? 구하는 내 마음은 간절하십니까?

정기훈련법과 상시훈련법의 관계

정기훈련법과 상시훈련법의 관계를 말하자면, 정기훈련법은 정할 때 공부로서 수양 · 연구를 주체 삼아 상시 공부의 자료를 준비하는 공부법이 되며, 상시훈련법은 동할 때 공부로서 작업 취사를 주체삼아 정기 공부의 자료를 준비하는 공부법이 되나니, 이 두 훈련법은 서로서로 도움이 되고 바탕이 되어 재세 출세의 공부인에게 일분 일각도 공부를 떠나지 않게 하는 길이 되나니라.

누구냐, 넌?

– 정기훈련법과 상시훈련법의 관계

이승엽 선수는 한국과 일본을 통틀어 가장 훌륭한 야구 타자입니다. 그 원인은 무엇일까요? 타고난 감각이 좋다는 말도 있지만 그 보다 우선하는 것은 아마도 끝없는 훈련일 것입니다.

시즌 중에도 끊임없이 훈련을 하며, 시즌이 끝나면 시즌 중에 파악한 약점들을 보완하기 위해 동계 훈련에 들어가 혹독한 담금질을 합니다. 또 자기만의 훈련을 틈틈이 해냅니다.

히말라야 원정을 가는 등산가의 이야기도 생각납니다. 평소에 출퇴근을 할 때 전철 안에서도 그냥 가는 것이 아니라 발뒤꿈치를 들고 발가락으로 서서 가고 손잡이도 손가락 끝 부분만으로 잡고 가더군요. 또 휴가 때는 높은 산으로 전지훈련을 갑니다. 늘 히말라야를 생각하며 끝없이 자신을 단련하고 또 단련합니다.

이런 예들이 바로 '정기훈련'과 '상시훈련'의 관계를 적절히 비유하고 있습니다.

대종사님은 '정기훈련법은 정할 때 공부로서 수양 · 연구를 주체 삼아 상시공부의 자료를 준비하는 공부법이 되며, 상시훈련법은 동할 때 공부로서 작업취사를 주체 삼아 정기공부의 자료를 준비하는 공부법이 되나니, 이 두 훈련법은 서로서로 도움이 되고 바탕이 되어 재세출세의 공부인에게 일분일각도 공부를 떠나지 않게 하는 길이 되나니라'고 말씀하고 계십니다.

훈련, 해본 사람은 볼 수 있습니다. 철새 한 마리의 비상 뒤에 숨은 혹독한 훈련을. 훈련, 해본 사람은 맛볼 수 있습니다. 훈련 끝에 찾아오는 무한한 기쁨을. 그리고 또 웃을 수 있습니다. 누가 감히 빼앗아 갈 수 없는 행복 때문에.

나는 누구입니까? 끝없이 훈련하는 사람입니다. 저 불지를 향해 기쁘고 즐겁게 훈련하는 공부인입니다.

염불의 공덕

염불을 오래하면 자연히 염불 삼매를 얻어 능히 목적하는 바 극락을 수용(受用)할 수 있나니 그 공덕의 조항은 좌선의 공덕과 서로 같나니라. 그러나, 염불과 좌선이 한 가지 수양 과목으로 서로 표리가 되나니 공부하는 사람이 만일 번뇌가 과중하면 먼저 염불로써 그 산란한 정신을 대치하고 다음에 좌선으로써 그 원적의 진경에 들게 하는 것이며, 또한 시간에 있어서는 낮이든지 기타 외경이 가까운 시간에는 염불이 더 긴요하고, 밤이나 새벽이든지 기타 외경이 먼 시간에는 좌선이 더 긴요하나니, 공부하는 사람이 항상 당시의 환경을 관찰하고 각자의 심경을 대조하여 염불과 좌선을 때에 맞게 잘 운용하면 그 공부가 서로 연속되어 쉽게 큰 정력(定力)을 얻게 되리라.

놀이의 진수

– 염불법

세상에서 가장 잘 노는 사람은 누굴까요? 노래방에서 분위기를 확 띄워주는 사람? 술 잘 먹는 사람? 재밌는 얘기 잘 하는 사람? 뭔가 좀 부족한 것 같습니다.

대학총장을 지낸 교수님이 여가활동에 대한 강의를 하면서 그러시더군요. '그런데 혼자서 잘 놀기가 참 어렵더라. 혼자 있으면 뭘 해야 할지 몰라 쩔쩔매더라.' 의외였습니다.

하지만 여기에 우리의 숨겨진 모습이 있었습니다. 끝없이 누군가를 만나고 무언가를 하면서 즐거운 척 하지만, 사실 혼자 있음에 당황스러워 하고, 진정한 자신과의 만남에 서툴기만 한 우리의 숨겨진 모습.

요사이 청소년들은 방에 틀어박혀 혼자 놀기의 진수(?)를 보여준다고 하지만 대개는 텔레비전이나 컴퓨터 게임에 몰입하는 경우가 많습니다. 어른들도 사정은 비슷합니다.

그 노교수님 말씀, '혼자서 좌선, 명상 등의 수행을 하시는 분들이 진정 여가를 즐길 줄 아는 분들 같다.' 저는 웃으며 맘 속으로 공감의 박수를 쳤습니다.

혼자 있어도 외롭지 않은 사람. 혼자 있어도 마음이 공허하지 않은 사람. 아무 것도 하지 않고 그냥 앉아만 있어도 충만한 기쁨을 느끼는 사람. 어찌 혼자 놀기의 고수라고 하지 않을 수 있을까요.

해보지 않은 이들은 '나무아미타불' 여섯 글자를 반복해서 외우고, 가만히 앉아서 숨쉬기만을 하는 허리 아픈 염불과 좌선을 왜 하느냐고 하죠. 허허! 놀이의 입장(?)에서 보면 놀이의 진수를 모르는 것이죠.

수행인들이 수행을 쉬지 않는 이유? (사실 비밀인데 당신에게만 살짝 알려드리는 겁니다) 이 세상 어느 놀이보다 재밌기 때문이죠. 속지 마세요. 수행은 고행이 아니거든요. 끝내주는 놀이거든요. 그 방법과 공덕은… 음, 교전을 보세요.

좌선의 공덕

좌선을 오래 하여 그 힘을 얻고 보면 아래와 같은 열 가지 이익이 있나니, 경거망동하는 일이 차차 없어지는 것이요, 육근 동작에 순서를 얻는 것이요, 병고가 감소되고 얼굴이 윤활하여지는 것이요, 기억력이 좋아지는 것이요, 인내력이 생겨나는 것이요, 착심이 없어지는 것이요, 사심이 정심으로 변하는 것이요, 자성의 혜광이 나타나는 것이요, 극락을 수용하는 것이요, 생사에 자유를 얻는 것이니라.

휴대전화보다 못해서야

– 좌선법 1

도대체 휴대전화가 없었을 때는 어떻게 살았을까 싶을 정도로 휴대전화는 우리 삶에 밀착되었습니다. 저도 예외가 아니어서 늘 가지고 다닙니다. 그러다가 가끔 건전지가 방전되면 무척 답답하고 난감합니다.

그런데 방전된 휴대폰을 보면 좌선 같은 정신수양 공부가 생각나곤 합니다. 휴대전화기 건전지도 틈나는 대로 충전을 해야 하듯이 정신 기운도 늘 충전을 해야 하는 것이 서로 비슷하기 때문입니다.

대산 종사님도 '약 떨어진 녹음기 같다' 는 표현을 하셨습니다. 삼대력이 부족한 공부인을 이상하게 늘어진 소리를 내는 녹음기에 비유하신 것이지요. 충전이 안된 전화기로는 통화가 어렵듯이 정신수양이 잘 되지 않은 사람도 마찬가지입니다. 진리와 제대로 소통할 수 없습니다.

전화기를 통해 우리 삶을 돌아봅니다. 열 받은 전화기 같이 뜨끈뜨끈한 머리로 생활하면서도 계속 쓰기만 하고 있지는 않은지, 전화기는 반드시 충전하면서도 그보다 훨씬 소중한 자신의 삶은 늘 방전만 하고 살고 있지는 않은지….

대종사님은 말씀하십니다. '대범, 좌선이라 함은 마음에 있어 망념(妄念)을 쉬고 진성(眞性)을 나타내는 공부이며, 몸에 있어 화기(火氣)를 내리게 하고 수기(水氣)를 오르게 하는 방법이니, 망념이 쉰즉 수기가 오르고 수기가 오른즉 망념이 쉬어서 몸과 마음이 한결 같으며 정신과 기운이 상쾌하리라….' (좌선의 요지)

전화기 잡음엔 예민하면서도 내 망념엔 무심하고, 전화기가 뜨거운 것은 바로 알아채면서도 내 머리가 뜨거운 것에는 무디다면 이는 뭔가 잘못된 것이지요. 휴대전화기 충전 시간만큼도 좌선 등으로 재충전하지 않는다면 어찌 우리 삶을 소중하다고 하겠습니까?

증거 1호

– 좌선법 2

가끔 좌선과 같은 수행도 입으로 하는 사람들을 봅니다. 끝없이 어떤 단체의 수행법이 최고다, 어디가 어떻고 누가 어떻다더라 말을 하는데 그런 이야기 하는 시간이 좀 아깝다는 생각이 듭니다.

우리 현대인들은 아침에 눈을 떠서 밤에 잠들 때까지 참 바쁘게 지냅니다. 하지만 누가 하루에 5분이라도 차분히 앉아 허리를 펴고 단전에 기운을 주하고, 호흡을 고르며 자신의 본래 면목을 찾아가는 고요한 시간을 갖고 있는지 의심스럽습니다.

좌선은 입으로 하는 것이 아닙니다. 일단 자리에 앉는 것입니다. 위대한 선승의 삶을 이야기하고 뛰어난 수행법을 논하는 것도 중요하지만, 그 시간에 모든 생각을 비우고 숨이라도 한 번 깊숙이 쉬어보는 것이 더 중요합니다.

저는 늘 주변의 인연들에게, 하루에 단 1분 또는 5분이라도 좌선을 하는 것이 중요하다고 말합니다. 성철 스님의 8년 장좌불와(長坐不臥)는 그 분의 것입니다. 결코 내 것이 아닙니다. 내가 오늘 이 순간 해내는 수행만이 내 것입니다.

언젠간 8,000m 급 고산에 오르고 말겠다는 이불 속 다짐보다는 아침 일찍 일어나 동네 뒷산을 오르는 것이 더 낫습니다. 1분의 좌선에도, 5분의 좌선에도 반드시 그 공덕이 있습니다. 더구나 매일 정성스럽게 하는 좌선의 공덕은 결코 아무나 가질 수 있는 것이 아닙니다.

교전에는 대종사님께서 밝혀주신 좌선의 공덕 10가지가 있습니다. 경거망동하는 일이 차차 없어지는 것부터 극락을 수용하고 생사에 자유를 얻는다는 내용까지.

이 공덕은 오직 내 몸으로 직접 좌선을 하는 사람의 몫입니다. 그리고 그 공덕의 증거는 멀리 있지 않습니다. 내 몸과 마음이 그 증거 1호입니다.

손발이 차다?

– 좌선법 3

손을 잡다가 깜짝 놀랄 정도로 차가운 손을 가진 분들이 꽤 있습니다. 손발이 차갑다는 것은 아랫배도 차다는 것입니다. 물기운은 아래로 내려가려는 차가운 기운인데 아랫배가 차가우면 '냉증'에 시달리게 됩니다.

불기운은 위로 솟으려 하는 더운 기운인데 이 기운이 머리로 오르면 두통이 생기고, 입안이 바짝바짝 마르며 맑은 기운이 사라지게 됩니다. 종일토록 컴퓨터 화면에 시선을 집중하며, 몸은 별로 움직이지 않는 현대인들이 머리가 뜨겁고 손발이 차가운 것은 어쩌면 당연한 것인지도 모릅니다.

주역(周易) 64괘 중 마지막인 '화수미제(火水未濟)' 괘가 생각납니다. 재밌는 것은 불이 위에 있고, 물이 아래에 있는 모양을 제 위치를 잃고 있는 것으로 보고 있다는 것입니다. 물기운과 불기운이 서로 만나지 않아 조화가 이뤄지지 않는다는 것이지요.

대종사님께서는 마음을 단전(丹田)에 주하면 생각이 잘 동하지 않고, 기운도 잘 내리게 되어 안정을 쉽게 얻을 수 있다고 하시며, '이 단전주(丹田住)는 좌선에만 긴요할 뿐 아니라 위생상으로도 극히 긴요한 법이라…, 수화가 잘 조화되어 몸에 병고가 감소되고, 얼굴이 윤활해지며 원기가 충실해지고 심단(心丹)이 되어 능히 수명을 안보하나니, 이 법은 선정상(禪定上)으로나 위생상으로나 실로 일거양득하는 법' 이라고 그 중요함을 말씀하십니다.

마음을 단전에 주하면 기운도 돌기 시작하여 아랫배가 따뜻해지고 손발도 따뜻해지며 머리는 맑아집니다. 따뜻한 난로나 보약보다 내 단전에 대한 사랑을 먼저 챙겨보면 어떨까요? 물기운과 불기운의 조화를 잃기 쉬운 우리들이 좀더 행복해질 것 같습니다. 단전 사랑으로.

의두요목(疑頭要目)

세존(世尊)이 도솔천을 떠나지 아니하시고 이미 왕궁가에 내리시며, 모태 중에서 중생 제도하기를 마치셨다 하니 그것이 무슨 뜻인가.

세존이 탄생하사 천상천하에 유아독존(唯我獨尊)이라 하셨다 하니 그것이 무슨 뜻인가.

세존이 영산회상에서 꽃을 들어 대중에게 보이시니 대중이 다 묵연하되 오직 가섭존자(迦葉尊者)만이 얼굴에 미소를 띠거늘, 세존이 이르시되 내게 있는 정법안장(正法眼藏)을 마하 가섭에게 부치노라 하셨다 하니 그것이 무슨 뜻인가.

세존이 열반(涅槃)에 드실 때에 내가 녹야원(鹿野苑)으로부터 발제하(跋提河)에 이르기까지 이 중간에 일찌기 한 법도 설한 바가 없노라 하셨다 하니 그것이 무슨 뜻인가.

만법이 하나에 돌아갔다 하니 하나 그것은 어디로 돌아갈 것인가.

만법으로 더불어 짝하지 않은 것이 그 무엇인가.

만법을 통하여다가 한 마음을 밝히라 하였으니 그것이 무슨 뜻인가.

옛 부처님이 나시기 전에 응연(凝然)히 한 상이 둥글었다 하였으니 그것이 무슨 뜻인가.

부모에게 몸을 받기 전 몸은 그 어떠한 몸인가.

사람이 깊이 잠들어 꿈도 없는 때에는 그 아는 영지가 어느 곳에 있는가.

일체가 다 마음의 짓는 바라 하였으니 그것이 무슨 뜻인가.

마음이 곧 부처라 하였으니 그것이 무슨 뜻인가.

중생의 윤회되는 것과 모든 부처님의 해탈하는 것은 그 원인이 어디 있는가.

잘 수행하는 사람은 자성을 떠나지 않는다 하니 어떠한 것이 자성을 떠나지 않는 공부인가.

마음과 성품과 이치와 기운의 동일한 점은 어떠하며 구분된 내역은 또한 어떠한가.

우주 만물이 비롯이 있고 끝이 있는가 비롯이 없고 끝이 없는가.

만물의 인과 보복되는 것이 현생 일은 서로 알고 실행되려니와 후생 일은 숙명(宿命)이 이미 매하여서 피차가 서로 알지 못하거니 어떻게 보복이 되는가.

천지는 앎이 없으되 안다 하니 그것이 무슨 뜻인가.

열반을 얻은 사람은 그 영지가 이미 법신에 합하였는데, 어찌하여 다시 개령(個靈)으로 나누어지며, 전신(前身) 후신(後身)의 표준이 있게 되는가.

나에게 한 권의 경전이 있으니 지묵으로 된 것이 아니라, 한 글자도 없으나 항상 광명을 나툰다 하였으니 그것이 무슨 뜻인가.

돈 안 되는 의문

– 의두요목

의문이 없거나 그 의문을 풀려고 고민하지 않는 사람은 없습니다. 그런데 그 의문을 보면 대개 돈이 되는 내용이 많은 것 같습니다. 특히 의식주를 책임져야 할 어른이 되면서부터는 그 주제는 대개 의식주에 집중됩니다.

휴대폰을 만들며 통화품질에 대한 연구를 하든지, 줄기세포를 연구하든지 그 이면에는 경제적 이익이 있음을 우리는 부인할 수 없습니다. 이런 의문들 덕분에 우리는 좀더 나은 삶을 살고, 풍요로운 삶을 살 수 있습니다. 실용적 고민이라고 할 수 있겠지요.

그래서 요즘 돈으로 연결되기 힘든 인문학은 위기라고 합니다. 이런 세태 속에서 과연 '마음이 곧 부처라 하였으니 그

것이 무슨 뜻인가?' , '부모에게 몸을 받기 전 몸은 그 어떠한 몸인가?' 와 같은 전혀 돈 안 되는 의문을 갖는 것이 무슨 의미가 있을까요?

부처님께 사업이 잘되기를 바라는 것은 모르되, 부처가 무엇인지는 알려 하지 않는 것이 우리의 모습인지도 모릅니다. 내 한 몸의 건강은 걱정하지만 내 본래 면목 찾기나 생사해탈 등의 근본적인 의문은 사치스러운 것이라고 여기는 것이 우리의 모습인지도 모릅니다.

돈이 되지 않는 의문! 쓸 데 없어 보이는 질문! 그 해결을 위해 고민하는 것, 사람됨의 이유이고 특권인데…. 이런 의문, 고민 없이 살면 혹시 부유한 삶을 살 수 있을지 모릅니다. 하지만 한 순간에 땅을 치며 지나온 일생을 후회 할 수도 있습니다. 뿌리 없는 삶이 될지도 모르는 것이죠.

정전에는 20가지의 대표적인 의두가 있습니다. 사람으로 태어나 그 존재 증명을 하기 위해 돌파해야 할 관문들입니다. 가만히 생각해보면 이런 돈 안 되는 고민을 할 수 있어서…, 우리는 참으로 행복합니다.

일기법

재가 · 출가와 유무식을 막론하고 당일의 유무념 처리와 학습 상황과 계문에 범과 유무를 반성하기 위하여 상시일기법을 제정하였으며, 학원이나 선원에서 훈련을 받는 공부인에게 당일내 작업한 시간 수와 당일의 수입 · 지출과 심신작용의 처리건과 감각감상을 기재시키기 위하여 정기일기법을 제정하였나니라.

상시일기법

유념 · 무념은 모든 일을 당하여 유념으로 처리한 것과 무념으로 처리한 번수를 조사 기재하되, 하자는 조목과 말자는 조목에 취사하는 주의심을 가지고 한 것은 유념이라 하고, 취사하는 주의심이 없이 한 것은 무념이라 하나니, 처음에는 일이 잘 되었든지 못 되었든지 취사하는 주의심을 놓고 안 놓은 것으로 번수를 계산하나, 공부가 깊어가면 일이 잘되고 못된 것으로 번수를 계산하는 것이요,

학습 상황 중 수양과 연구의 각 과목은 그 시간 수를 계산하여 기재하며, 예회와 입선은 참석 여부를 대조 기재하는 것이요,

계문은 범과 유무를 대조 기재하되 범과가 있을 때에는 해당 조목에 범한 번수를 기재하는 것이요,

문자와 서식에 능하지 못한 사람을 위하여는 따로이 태조사(太調査) 법

을 두어 유념 무념만을 대조하게 하나니, 취사하는 주의심을 가지고 한 것은 흰 콩으로 하고 취사하는 주의심이 없이 한 것은 검은 콩으로 하여, 유념·무념의 번수를 계산하게 하는 것이니라.

정기일기법

당일의 작업 시간 수를 기재시키는 뜻은 주야 24시간 동안 가치 있게 보낸 시간과 허망하게 보낸 시간을 대조하여, 허송한 시간이 있고 보면 뒷날에는 그렇지 않도록 주의하여 잠시라도 쓸데 없는 시간을 보내지 말자는 것이요,

당일의 수입·지출을 기재시키는 뜻은 수입이 없으면 수입의 방도를 준비하여 부지런히 수입을 장만하도록 하며 지출이 많을 때에는 될 수 있는대로 지출을 줄여서 빈곤을 방지하고 안락을 얻게 함이며, 설사 유족한 사람이라도 놀고 먹는 폐풍을 없게 함이요,

심신 작용의 처리건을 기재시키는 뜻은 당일의 시비를 감정하여 죄복의 결산을 알게 하며 시비 이해를 밝혀 모든 일을 작용할 때 취사의 능력을 얻게 함이요,

감각이나 감상을 기재시키는 뜻은 그 대소유무의 이치가 밝아지는 정도를 대조하게 함이니라.

가혹한 감옥에서, 웃다

– 일기법 1

세상에 이런 감옥도 있나 싶습니다. 내 돈이 많아도, 시간이 남아 돌아도 맘대로 쓸 수가 없습니다. 족쇄를 채운 것도 아닌데 일거수일투족을 조심해야 하고, 말 한마디도 내 맘대로 할 수가 없습니다. 숨 한 번 쉬는 것조차 허투루 하지 않아야 합니다. 심지어 마음속에서 아무도 모르게 아닌 마음 한 번 먹은 것에도 처절한 자기반성을 해야 합니다. 꿈속에서도 이 감옥 생활은 계속됩니다. 하지 말아야 할 것이 수 십 가지가 되고, 해야 할 것도 열 댓 가지가 넘습니다. 물론, 최소한으로.

세상은 거대한 감옥으로, 사람들은 모두 간수로 변합니다. 모든 자유는 사라져 버리고 신발 하나도 가지런히 벗어야 하는 온전한 죄수로 살아갑니다. 이 감옥은 점점 작아져서 나를 옥죄어 옵니다.

더 숨 막히는 것은 눈에 보이는 창살도, 간수도 없다는 것. 오직 진리와 대종사님, 그리고 자신과의 약속이 있을 뿐이라는 것입니다. 자승자박(自繩自縛), 벗어나도 되는 감옥에 스스로를 가둔다는 것, 이 감옥이 주는 가장 큰 고통입니다.

가끔 꿀 같은 탈옥도 합니다. 수감생활과 탈옥을 반복하다가 어느 날 알게 됩니다. 이 감옥이 참 묘한 곳임을.

한참을 지나면 창살은 녹아내리고 감옥의 경계는 무너집니다. 감옥이 점점 작아져서 내 배꼽 속으로 들어와 녹아버릴 때 다시 한 번 알게 됩니다. 내가 웃고 있음을. 그리고 이 세상 그 누구도 나를 가두기 힘들다는 것을.

궁금하시죠? 이 감옥이 어떻게 생겼는지. 정전 일기법을 보시면 됩니다. 정신, 육신, 물질, 시간 모든 면에서 옴짝 달싹 못하게 하는 수 십 가지의 자물쇠로 채워져 있는 감옥입니다. 이 일기를 쓰는 순간, 철커덩! 자동으로 수감됩니다. 물론 갇히고 말고는 내 맘입니다. 하지만, 감옥에서 웃는 맛, 아무나 맛보는 것은 아닙니다.

염소 키우기 매뉴얼

– 일기법 2

강아지를 키우는데도 그 사육방법이 있고, 사무실 업무에도 매뉴얼이 있으며, 세상만사 다 그 방법이 있고 절차가 있습니다. 차 한 잔을 타더라도 맛있게 타려면 그 방법과 절차를 지켜야 합니다.

그런데 정작 아주 중요한 것인데도 별다른 매뉴얼이나 절차도 없이 그저 어림짐작에 맡겨서 처리하는 분야가 있습니다. 바로 인격완성이라는 분야입니다. 한 번 잘못 길들인 인격은 돌이키기 힘들고, 실수한 인생을 되돌릴 수 없습니다. 인격완성에도 엄연히 절차와 방법이 있습니다.

대종사님께서 말씀하십니다. '염소를 먹이는데 무엇을 일시에 많이 먹여서 한꺼번에 키우는 것이 아니라, 키우는 절차와 먹이는 정도만 고르게 하면 자연히 큰 염소가 되어서 새끼도 낳고 젖도 나와 사람에게 이익을 주나니, 도가에서 도를 깨치게 하는 것도 이와 같나니라.' (성리품 28장)

하루를 살면서 무엇을 해야 하고, 무엇을 하지 않아야 하는지, 마음가짐을 어떻게 하고, 시간 활용은 어떻게 하고, 물질의 사용은 어떻게 해야 하는지, 부처님의 길은 어떻게 가야하는지를 점검할 수 있도록 해 주셨습니다.

대종사님께서 직접 개발해주신 이 일기를 기재하지 않으면 하루를 살아도 잘 살았는지 아닌지를 알 수가 없습니다. 염소 하나를 키우는 것만도 못하게 나를 키울 수는 없습니다.

원불교 일기는 모든 인류가 결국 쓸 수밖에 없는 인격완성의 매뉴얼 북, 사용설명서, 점검표입니다. 행복이 샘솟게 하는 위대한 일기입니다. 그냥 강조하는 말씀이 아닙니다. 대종사님의 말씀입니다.

'…일기법을 두어 물샐 틈 없이 그 수행 방법을 지도하였나니 그대들은 이 법대로 부지런히 공부하여 하루 속히 초범(超凡)입성(入聖)의 큰일을 성취할지어다.' (수행품 1장)

점 하나, 영생유념

– 일기법 3

언젠가 아는 교무님의 집을 방문했습니다. 이런 저런 대화를 나누다가 눈길이 작은 액자에 머물렀습니다. 손바닥만한 작은 액자에는 한자로 '영생유념(永生有念)' 이라는 네 글자가, 그리고 그 옆에는 좌산 스승님의 법호가 더 작은 글씨로 씌어 있더군요. 그런데 그 순간 작은 네 글자가 마음을 파고들면서 아프게 하더군요. 나는 영생을 유념하고 살 수 있을 것인가? 물을 수는 있으되 자신 있게 대답하기 어려웠습니다.

신앙과 수행도 마음을 챙기지 않으면 할 수 없는 것이니, 대종사님께서는 '사람의 마음은 지극히 미묘하여 잡으면 있어지고 놓으면 없어진다 하였나니, 챙기지 아니하고 어찌 그 마음을 닦을 수 있으리요…' (수행품1장)라고 마음 챙기기를 당부하고 계십니다.

삼천년 전 석가모니 부처님의 금강경도 결국 '이 마음을 어떻게 챙기오리까?' 하는 제자들의 질문에 답하신 내용일 뿐입니다. 대종사님은 법설만을 하시지 않고 우리들이 스스로 자기 마음을 챙기도록 아주 세세한 방법까지 제시해 주신 것이지요. 하루하루를 허투루 살지 않도록 자상한 자비방편을 일기법으로 내어주신 것이죠.

내가 보내는 이 순간과 오늘 하루가 다시 오지 않는 소중한 것이고, 무엇과 바꿀 수 없는 고귀한 것임을, 영원으로 이어진 빛나는 순간임을 알려주시기 위해 우리들에게 일기를 기재하라고 하신 것 같습니다. 그래서 오늘도 손바닥만한 일기를 펴놓고 점을 하나씩 찍고 동그라미로 공부를 표시하고, 작은 공책을 펴놓고 몇 줄의 감각감상과 심신작용 처리건을 적어봅니다.

결국 일기에 찍는 점 하나, 한 줄의 자기반성, 작은 깨달음이 우리의 영생을 좌우할 것입니다. 신앙, 수행, 그리고 행복, 그 기본은 유념입니다. 저는 믿습니다. 원불교 일기 쓰기가 영생유념, 영생행복의 길이라고.

무시선법

대범, 선(禪)이라 함은 원래에 분별 주착이 없는 각자의 성품을 오득하여 마음의 자유를 얻게 하는 공부인 바, 예로부터 큰 도에 뜻을 둔 사람으로서 선을 닦지 아니한 일이 없나니라.

사람이 만일 참다운 선을 닦고자 할진대 먼저 마땅히 진공(眞空)으로 체를 삼고 묘유(妙有)로 용을 삼아 밖으로 천만 경계를 대하되 부동함은 태산과 같이 하고, 안으로 마음을 지키되 청정함은 허공과 같이 하여 동하여도 동하는 바가 없고 정하여도 정하는 바가 없이 그 마음을 작용하라. 이같이 한즉, 모든 분별이 항상 정을 여의지 아니하여 육근을 작용하는 바가 다 공적 영지의 자성에 부합이 될 것이니, 이것이 이른바 대승선(大乘禪)이요 삼학을 병진하는 공부법이니라.

그러므로, 경(經)에 이르시되 '응하여도 주한 바 없이 그 마음을 내라' 하시었나니, 이는 곧 천만 경계 중에서 동하지 않는 행을 닦는 대법이라, 이 법이 심히 어려운 것 같으나 닦는 법만 자상히 알고 보면 괭이를 든 농부도 선을 할 수 있고, 마치를 든 공장(工匠)도 선을 할 수 있으며, 주판을 든 점원도 선을 할 수 있고, 정사를 잡은 관리도 선을 할 수 있으며, 내왕하면서도 선을 할 수 있고, 집에서도 선을 할 수 있나니 어찌 구차히 처소를 택하며 동정을 말하리요.

그러나, 처음으로 선을 닦는 사람은 마음이 마음대로 잘 되지 아니하여 마치 저 소 길들이기와 흡사하나니 잠깐이라도 마음의 고삐를 놓고 보면 곧 도심을 상하게 되나니라. 그러므로, 아무리 욕심나는 경계를 대할지라도 끝까지 싸우는 정신을 놓지 아니하고 힘써 행한즉 마음이 차차 조숙(調熟)되어 마음을 마음대로 하는 지경에 이르나니, 경계를 대할 때마다 공부할 때가 돌아온 것을 염두에 잊지 말고 항상 끌리고 안 끌리는 대중만 잡아갈지니라. 그리하여, 마음을 마음대로 하는 건수가 차차 늘어가는 거동이 있은즉 시시로 평소에 심히 좋아하고 싫어하는 경계에 놓아 맡겨 보되 만일 마음이 여전히 동하면 이는 도심이 미숙한 것이요, 동하지 아니하면 이는 도심이 익어가는 증거인 줄로 알라. 그러나, 마음이 동하지 아니한다 하여 즉시에 방심은 하지 말라. 이는 심력을 써서 동하지 아니한 것이요, 자연히 동하지 않은 것이 아니니, 놓아도 동하지 아니하여야 길이 잘 든 것이니라.

사람이 만일 오래오래 선을 계속하여 모든 번뇌를 끊고 마음의 자유를 얻은즉, 철주의 중심이 되고 석벽의 외면이 되어 부귀 영화도 능히 그 마음을 달래어 가지 못하고 무기와 권세로도 능히 그 마음을 굽히지 못하며, 일체 법을 행하되 걸리고 막히는 바가 없고, 진세(塵世)에 처하되 항상 백천 삼매를 얻을지라, 이 지경에 이른즉 진대지(盡大地)가 일진 법계(一眞法界)로 화하여 시비 선악과 염정 제법(染淨諸法)이 다 제호의 일미(一味)를 이루리니 이것이 이른바 불이문(不二門)이라 생사 자유와 윤회 해탈과 정토 극락이 다 이 문으로부터 나오나니라.

근래에 선을 닦는 무리가 선을 대단히 어렵게 생각하여 처자가 있어도 못할 것이요, 직업을 가져도 못할 것이라 하여, 산중에 들어가 조용히 앉아야만 선을 할 수 있다는 주견을 가진 사람이 많나니, 이것은 제법이 둘 아닌 대법을 모르는 연고라, 만일 앉아야만 선을 하는 것일진대 서는 때는 선을 못 하게 될 것이니, 앉아서만 하고 서서 못하는 선은 병든 선이라 어찌 중생을 건지는 대법이 되리요. 뿐만 아니라, 성품의 자체가 한갓 공적에만 그친 것이 아니니, 만일 무정물과 같은 선을 닦을진대 이것은 성품을 단련하는 선공부가 아니요 무용한 병신을 만드는 일이니라. 그러므로, 시끄러운 데 처해도 마음이 요란하지 아니하고 욕심 경계를 대하여도 마음이 동하지 아니하여야 이것이 참 선이요 참 정이니, 다시 이 무시선의 강령을 들어 말하면 아래와 같나니라.

'육근(六根)이 무사(無事)하면 잡념을 제거하고 일심을 양성하며, 육근이 유사하면 불의를 제거하고 정의를 양성하라.'

달려보세요. 물잔 들고

- 무시선법 1

여기 한 사람이 있습니다. 이 사람은 묘한 기술이 있어서 찰랑 찰랑한 물 잔을 들고 신나게 달려도 그 물을 한 방울도 흘리지 않습니다. 심지어 물 잔을 거꾸로 들어도 물이 한 방울도 떨어지지 않습니다. 자유자재입니다. 도저히 있을 것 같지 않은 일입니다. 마음 밖에서는 이런 일을 볼 수 없지만 마음의 세계에선 가능한 일입니다.

'…근래에 선(禪)을 닦는 무리가 선을 대단히 어렵게 생각하여 처자가 있어도 못할 것이요, 직업을 가져도 못할 것이라 하여, 산중에 들어가 조용히 앉아야만 선을 할 수 있다는 주견을 가진 사람이 많나니, 이것은 제법이 둘 아닌 대법을 모르는 연고라, 만일 앉아야만 선을 하는 것일진대 서는 때는 못하게 될 것이나, 앉아서만 하고 서서 못하는 선은 병든 선이라… 선공부가 아니요, 무용한 병신을 만드는 일이니라….'

실제로 눈에 보이고 마실 수 있는 물은 움직이는 대로 출렁입니다. 그릇에 담아 달리기라도 하면 쏟아지는 것이 당연합니다. 그렇다면 우리의 마음은? 상황에 따라 마음도 흔들려야 하는 것인가요?

'… 시끄러운 데 처해도 마음이 요란하지 아니하고 욕심 경계를 대하여도 마음이 동하지 아니하여야 이것이 참 선(禪)이요, 참 정(定)' 이라고 대종사님께선 말씀하십니다. 바깥 경계가 흔들린다고 마음까지 흔들리지 말라는 말씀입니다. 마음의 자유를 얻어 자유를 누리며 살라는 말씀입니다.

물은 물이고, 마음은 마음입니다. 거꾸로 하면 물은 쏟아지지만 마음은 쏟아지지 않을 수 있습니다. 하지만 마음공부가 덜 된 사람의 마음은 물그릇의 물과 같아서 흔들면 출렁이고, 세게 흔들면 쏟아지고 맙니다. 오늘 하루도 수많은 경계가 '나' 라는 그릇을 흔듭니다.

흔들리고 계신가요? 여여(如如)하신가요?

자전거 타기

– 무시선법 2

자전거를 처음 타는 사람에게 말합니다. 중심을 잡고, 발에 힘주고, 왼쪽으로 기울면 오른쪽으로, 오른쪽으로 기울면 왼쪽으로 손잡이를 돌려요!

하지만 쉽지 않습니다. 손잡이를 오른쪽으로 돌리면 오른쪽으로 넘어지고, 왼쪽으로 돌리면 왼쪽으로 넘어집니다. 온몸에 힘을 주고 중심을 잡으려 하지만 자전거는 앞으로 나가지 않습니다.

하지만! 제대로 탈 줄만 알면, 그 감(感)만 잡으면, 걷는 것보다 훨씬 편하게 길을 갈 수 있습니다. 왼쪽으로도, 오른 쪽으로도 갈 수 있습니다. 큰 돌이 있으면 돌아서도 가고…. 자전거와 한 몸이 되어서 자유롭습니다. 휘파람을 불면서 하늘을 볼 수도 있고, 인적이 드믄 곳에선 손잡이를 놓고도 탈 수 있습니다.

'마음공부' 도 꼭 같습니다. 중심을 잡기 전에는 이리 기울고, 저리 쓰러지지만 제대로 감만 잡으면 새로운 경지가 열립니다. 새로운 세상을 만날 수 있습니다.

대종사님께선 마음의 자전거 타기를 이렇게 가르쳐주십니다. '육근이 무사하면 잡념을 제거하고 일심을 양성하며, 육근이 유사하면 불의를 제거하고 정의를 양성' 하라고. 매우 간단한 가르침입니다. 하지만 이 자전거 타기를 잘하면 '진세(塵世)에 처하되 항상 백천삼매(百千三昧)를 얻을' 수 있고, '생사자유와 윤회해탈과 정토극락' 을 얻을 수 있다고 단언하십니다. 이 위대한 가르침을 내 것으로만 만들 수 있다면 이 세상에 태어나 더 바랄 자유가 어디 있으며 더 이상 구할 것이 무엇이 있겠습니까?'

바로 지금 정의를 양성하고, 일심을 양성하면 이 신비한 마음 자전거는 소리 없이 달리기 시작합니다. 우리 모두가 바라는 행복의 세계로.

닳지 않는 칼

– 무시선법 3

'제가 좋아하는 것은 도로서 재주를 앞서는 것입니다. 처음 제가 소를 잡을 때에는 보이는 게 모두 소였습니다. 그러나 3년 뒤에는 소가 보이는 일이 없어졌습니다….

천연의 이치를 따라 칼을 씁니다…. 훌륭한 백정은 1년마다 칼을 바꾸는데 살을 자르기 때문이고, 보통 백정들은 달마다 칼을 바꾸는데 뼈를 자르기 때문입니다. 지금 제 칼은 19년이 되었으며, 그 사이 잡은 소는 수천 마리나 됩니다.

소의 뼈마디엔 틈이 있는데 칼날에는 두께가 없습니다. 두께가 없는 것을 틈이 있는 곳에 넣기 때문에 휑하니 칼날을 움직이는데 언제나 반드시 여유가 있게 됩니다. 그래서 19년이 지나도 칼날은 새로 숫돌에 갈아 놓은 것 같지요.

하지만 뼈와 살이 엉긴 곳을 만날 때마다 저도 어려움을 느낍니다. 조심조심 경계를 하면서 눈은 그 곳을 주목하고 동작을 늦추며 칼을 매우 미세하게 움직입니다. 그러면 후두둑 뼈와 살이 떨어져 땅 위에 쌓입니다.

그러면 저는 칼을 들고 서서 사방을 둘러보며 만족스런 기분에 잠깁니다. 그리고 칼을 닦아 잘 간수해 둡니다.'(「장자」) 에서

일을 조금만 해도 피곤하고, 사람을 만나면 서로 상처를 입히고, 경계를 대할 때마다 자주 대질린다면 이는 무시선의 경지가 아닙니다. 닳는 칼입니다.

일이 있으면 있는 대로 없으면 없는 대로, 시장 한 가운데 처해있든지 고요한 산 속에 있든지 내 몸과 마음이 밟아야 할 행로가 훤해야 합니다. 대종사님께서 '생사자유와 윤회해탈과 정토극락' 이 여기서부터 나온다고 하셨으니 어찌 이 문에 들지 않겠습니까?

닳지 않게 칼을 쓰는 백정이 되시고, 우주의 리듬을 타고 흥겨운 삶을 사는 무시선사(無時禪師)가 되시길 기원합니다.

참회문(懺悔文)

음양 상승(陰陽相勝)의 도를 따라 선행자는 후일에 상생(相生)의 과보를 받고 악행자는 후일에 상극(相克)의 과보를 받는 것이 호리도 틀림이 없으되, 영원히 참회 개과하는 사람은 능히 상생 상극의 업력을 벗어나서 죄복을 자유로 할 수 있나니, 그러므로 제불 조사가 이구 동음으로 참회문을 열어 놓으셨나니라.

대범, 참회라 하는 것은 옛 생활을 버리고 새 생활을 개척하는 초보이며, 악도를 놓고 선도에 들어오는 초문이라, 사람이 과거의 잘못을 참회하여 날로 선도를 행한즉 구업(舊業)은 점점 사라지고 신업은 다시 짓지 아니하여 선도는 날로 가까와지고 악도는 스스로 멀어지나니라. 그러므로, 경에 이르시되 '전심 작악(前心作惡)은 구름이 해를 가린 것과 같고 후심기선(後心起善)은 밝은 불이 어둠을 파함과 같나니라' 하시었나니, 죄는 본래 마음으로부터 일어난 것이라 마음이 멸함을 따라 반드시 없어질 것이며, 업은 본래 무명(無明)인지라 자성의 혜광을 따라 반드시 없어지나니, 죄고에 신음하는 사람들이여! 어찌 이 문에 들지 아니하리요.

그러나, 죄업의 근본은 탐 · 진 · 치(貪瞋痴)라 아무리 참회를 한다 할지라도 후일에 또다시 악을 범하고 보면 죄도 또한 멸할 날이 없으며, 또는 악도에 떨어질 중죄를 지은 사람이 일시적 참회로써 약간의 복을 짓는다 할지라도 원래의 탐 · 진 · 치를 그대로 두고 보면 복은 복대로 받고 죄는 죄대로 남아 있게 되나니, 비하건대 큰 솥 가운데 끓는 물을 냉(冷)하게 만들고자 하는 사람이 위에다가 약간의 냉수만 갖다 붓고, 밑에서 타는 불을 그대로 둔즉 불의 힘은 강하고 냉수의 힘은 약하여 어느 때든지 그 물이 냉해지지 아니함과 같나니라.

세상에 전과(前過)를 뉘우치는 사람은 많으나 후과를 범하지 않는 사람은 적으며, 일시적 참회심으로써 한 두 가지의 복을 짓는 사람은 있으나 심중의 탐 · 진 · 치는 그대로 두나니 어찌 죄업이 청정하기를 바라리요.

참회의 방법은 두 가지가 있으니, 하나는 사참(事懺)이요 하나는 이참(理懺)이라, 사참이라 함은 성심으로 삼보(三寶)전에 죄과를 뉘우치며 날로 모든 선을 행함을 이름이요, 이참이라 함은 원래에 죄성(罪性)이 공한 자리를 깨쳐 안으로 모든 번뇌 망상을 제거해 감을 이름이니 사람이 영원히 죄악을 벗어나고자 할진대 마땅히 이를 쌍수하여 밖으로 모든 선업을 계속 수행하는 동시에 안으로 자신의 탐 · 진 · 치를 제거할지니라. 이같이 한즉, 저 솥 가운데 끓는 물을 냉하게 만들고자 하는 사람이 위에다가 냉수도 많이 붓고 밑에서 타는 불도 꺼버림과 같아서 아무리 백천 겁에 쌓이고 쌓인 죄업일지라도 곧 청정해 지나니라.

또는, 공부인이 성심으로 참회 수도하여 적적 성성한 자성불을 깨쳐 마음의 자유를 얻고 보면, 천업(天業)을 임의로 하고 생사를 자유로 하여 취할 것도 없고 버릴 것도 없고 미워할 것도 없고 사랑할 것도 없어서, 삼계육도(三界六途)가 평등 일미요, 동정역순이 무비삼매(無非三昧)라, 이러한 사람은 천만 죄고가 더운 물에 얼음 녹듯하여 고도 고가 아니요, 죄도 죄가 아니며, 항상 자성의 혜광이 발하여 진대지가 이 도량이요, 진대지가 이 정토라 내 외 중간에 털끝만한 죄상(罪相)도 찾아볼 수 없나니, 이것이 이른바 불조의 참회요, 대승의 참회라 이 지경에 이르러야 가히 죄업을 마쳤다 하리라.

근래에 자칭 도인의 무리가 왕왕이 출현하여 계율과 인과를 중히 알지 아니하고 날로 자행 자지를 행하면서 스스로 이르기를 무애행(無碍行)이라 하여 불문(佛門)을 더럽히는 일이 없지 아니하나니, 이것은 자성의 분별 없는 줄만 알고 분별 있는 줄을 모르는 연고라, 어찌 유무 초월의 참 도를 알았다 하리요. 또는, 견성만으로써 공부를 다 한 줄로 알고, 견성 후에는 참회도 소용이 없고 수행도 소용이 없다고 생각하는 사람이 많으나, 비록 견성은 하였다 할지라도 천만 번뇌와 모든 착심이 동시에 소멸되는 것이 아니요 또는 삼대력(三大力)을 얻어 성불을 하였다 할지라도 정업(定業)은 능히 면하지 못하는 것이니, 마땅히 이 점에 주의하여 사견(邪見)에 빠지지 말며 불조의 말씀을 오해하여 죄업을 경하게 알지 말지니라.

하나마나 청소

– 참회문 1

종종 학생회원들이 법당을 청소합니다. 열심히 하긴 하는데 법당이 좀처럼 깨끗해지질 않습니다. 손으로는 열심히 막대걸레를 밀면서 청소를 하는데 더러운 양말은 계속해서 냄새나는 얼룩 도장을 찍으며 걸레를 따라갑니다. 땀나게 해도 이 청소는 하나마나입니다. 법당 청소는 다시 해야 합니다. 깨끗한 손이 아니라 깨끗한 발로.

사람은 참회하는 존재입니다. 자신을 돌아볼 수 있는 존재이고 하늘을 우러러 부끄러워 할 줄 아는 존재입니다. 자신의 잘못을 후회하며 밤잠을 설치는 동물이기에 비로소 사람이라고 할 수 있습니다. 세상에 많은 사람들이 성공을 갈망하고 더 높은 성취를 원합니다. 그래서 앞으로 앞으로 밀고 나갑니다. 죽기 아니면 살기로 밀어 붙이다가 쓰디 쓴 실패 뒤에 자신을 돌아봅니다. 하지만 때늦은 후회인 경우가 많습니다. 진정한 성공을 원하고 후회하지 않는 삶을 살고 싶다면, 구태의연한 삶을 마감하고 새 출발을 하고 싶다면 그 때 해야 할 일이 바로 '참회' 인 것입니다.

요즘 개인이나 조직이나 흔히 '비전(vision)' 이라는 것을 강조합니다. 일종의 전망, 목적, 목표라고 할 수 있습니다. 우리 삶에 있어서 매우 중요한 것입니다. 하지만 아쉬운 것은 비전을 가지기 전에 진정한 참회 반성을 하는 경우는 드물다는 것입니다.

'대범, 참회라 하는 것은 옛 생활을 버리고 새 생활을 개척하는 초보이며, 악도를 놓고 선도에 들어오는 초문' 이라는 대종사님 법문은 우리가 잊지 말아야 할 진정한 새 출발점을 알려줍니다. 새로운 삶을 개척하려는 사람이 먼저 보아야 할 것은 앞이 아니라 뒤, 남이 아니라 나, 밖이 아니라 마음이고, 하나마나 청소가 아니라 내 더러운 양말을 벗는 것이 먼저라고. 그것이 행복의 첫걸음이라고.

대충 넘어가지 뭐!

– 참회문 2

참회? 여유롭게 살자고, 행복하자고 종교생활을 하는 것인데 이렇게 쫀쫀하게 해야 합니까? 내 행동과 마음 하나하나를 낱낱이 죄와 복으로 분석해 보아야 하고, 내 마음 밑바닥까지를 헤쳐보고, 죄업의 근본인 탐심 · 진심 · 치심을 뿌리 뽑지 않으면 죄를 면할 날이 없다….

이래서야 어디 한 순간인들 마음 편할 날이 있겠나 싶습니다. 이 풍진 세상을 살아가면서 소소한 잘못이야 대충 넘어가도 되지 않겠습니까? 성직자들이나 부처님, 예수님 같은 분들이나 소소하게 참회를 하는 것이지 보통 사람들이야 대충 넘어가도 안되겠습니까?

과연 그럴까요? 아무도 보는 사람 없으니 넘어가고, 감옥

갈 일 아니니까 슬쩍 넘어가도 될까요? 정말 그렇게 생각하신다면, 후환이 두렵지 않으시다면 할 수 없지요. 하지만! 반드시 다음과 같은 말씀은 참고하시기 바랍니다.

'天網恢恢 疎而不漏' (하늘의 그물은 넓고 넓어서, 성기기는 하나 새지 않는다) 노자님 말씀입니다. '음양상승의 도를 따라 선행자는 후일에 상생의 과보를 받고, 악행자는 후일에 상극의 과보를 받는 것이 호리도 틀림이 없다' (참회문).

'복은 복대로 받고 죄는 죄대로 남는다'

'사람이 모든 악행을 방자히 하여 스스로 제재하지 못하면 반드시 사람이 제재할 것이요, 사람이 제재하지 못하면 반드시 진리가 제재하나니, 그러므로 지각 있는 사람은 다른 사람이 막기 전에 제 스스로 악을 행하지 아니하며, 진리가 막기 전에 사람의 충고를 감수하므로, 그 악이 드러날 것을 겁내어 떨 일이 없으며 항상 그 마음이 편안하나니라.' (대종경 인과품)

이상은 모두 대종사님의 법문입니다. 이런 말씀들이 그저 심심해서 겁주는 이야기일까요? 참회를 모르고 사는 모습이 안타까워서 하시는 자비의 말씀 아닐까요?

예수님과 양 한 마리

– 참회문 3

백 마리의 양을 가진 사람이 한 마리 양을 잃었다면 어떻게 할 것인가를 물으며 시작되는 예수님의 말씀이 있습니다. '회개할 것이 없는 의인 아흔 아홉보다 죄인 한 사람이 회개하는 것을 하늘에서는 더 기뻐할 것이다' (루가15장 7절)라고 맺어지지요. 길 잃은 한 마리 양을 애타게 찾는 주인의 안타까운 마음과 참회로 거듭나기를 간절히 바라는 부처님과 성현님들의 마음이 무겁게 전해옵니다.

대종사님은 두 가지 참회의 방법을 알려주십니다. 하나는 사참(事懺)으로 '삼보전(三寶前)에 죄과를 뉘우치고 날로 모든 선을 행하는 것' 이고, 이참(理懺)은 '원래에 죄성이 공한 자리를 깨쳐 안으로 모든 번뇌망상을 제거해' 가는 것입니다.

참회의 구경에 이르면 '천만죄고가 더운 물에 얼음 녹듯 하여 고(苦)도 고가 아니요, 죄(罪)도 죄가 아니며, 항상 자성의 혜광이 발하여… 털끝만한 죄상도 찾아볼 수 없다' 고 참회할 것도 없는 경지를 말씀하십니다. 불(佛-부처님), 법(法-진리, 교리), 승(僧-스승, 성직자) 삼보, 즉 '바깥' , '타력' 에 의지하지 않고 자신의 내면 깊숙이 내려가 참 자유를 획득하라는 말씀이 이참의 가르침인 것입니다.

대종사님도 부처님도 우리의 죄를 사(赦)해주지 않습니다. 삶을 구원해주지도 않습니다. 힘들겠지만 내 안의 부처님을 찾고 내 안의 열쇠를 찾아야 합니다. 대종사님은 차가운 분이십니다. 길 잃은 양에게 알아서 길을 찾으라고 하시니.

하지만 그것이 참 자유라고 하십니다. 내 죄는 내가 사하고, 내 삶은 내가 구원하라고 하십니다. 이것이 진정한 죄 사함이고, 진정한 구원이라고 하십니다. 대종사님, 얼음 같이 차가운 분인지 불 같이 뜨거운 분인지 알 수가 없습니다.

위험한 깨달음

– 참회문 4

소위 깨달음을 얻었다는 사람들 가운데는 지켜야 할 계율을 우습게 아는 사람들이 꽤 있습니다. '진리에 대해 한 소식을 얻었으니 걸리고 막힐 것이 없다' 며 자기 마음대로 살아갑니다. 초월적 경지를 좀 맛보고 나서는 선인선과(善因善果) 악인악과(惡因惡果)의 인과의 법칙을 가볍게 알거나 비웃기도 합니다. 대종사님은 경고하십니다. '불문(佛門)을 더럽히는 일' 이라고.

수행을 해서 마음을 좀 보고 나서는 '스승도 필요없고, 수행도 필요없다' 고 합니다. '한번 밝히면 되었지 닦을 것도 없는 자리를 어찌 수고롭게 더 닦을 것이냐' 고 큰 소리 칩니다. 대종사님은 말씀하십니다. '비록 견성은 하였다 할지라도 천만 번뇌와 모든 착심이 동시에 소멸되는 것이 아니라' 고.

고(苦)도 고가 아니요, 죄(罪)도 죄가 아닌 경지를 알았고, 내가 내 죄를 용서하고, 사(赦)할 수 있는 경지에 올랐으니 죄업은 더 이상 상관없고 참회도 필요 없다는 사람들이 있습니다. 이들에게 대종사님은 말씀하십니다.

'성불을 하였다 할지라도 정업은 능히 면하지 못하는 것이니… 사견에 빠지지 말며 불조(佛祖)의 말씀을 오해하여 죄업을 경하게 알지 말지니라.'

살아있는 마음은 능히 선을 행할 수도 악을 행할 수도 있습니다. 깨달음도 천층만층입니다. 그래서 대종사님께서는 '영원히 참회개과' 하라고 하십니다. 이치는 알았으되 참회는 영원히 계속되어야 하고, 깨달음도 점점 더 깊어지도록 해야 합니다.

마음공부는 영원히 하는 것입니다. 참회가 필요 없다는 사람, 수행도 스승도 필요 없다는 사람, 위험한 사람이고 위험한 깨달음입니다. 사람들을 불행의 나락으로 이끄는 깨달음입니다. 이건 깨달음이라고 할 수도 없습니다. 참회가 필요한 그릇된 견해일 뿐입니다

심고와 기도

사람이 출세하여 세상을 살아 가기로 하면 자력(自力)과 타력이 같이 필요하나니 자력은 타력의 근본이 되고 타력은 자력의 근본이 되나니라. 그러므로, 자신할 만한 타력을 얻은 사람은 나무 뿌리가 땅을 만남과 같은지라, 우리는 자신할 만한 법신불(法身佛) 사은의 은혜와 위력을 알았으니, 이 원만한 사은으로써 신앙의 근원을 삼고 즐거운 일을 당할 때에는 감사를 올리며, 괴로운 일을 당할 때에는 사죄를 올리고, 결정하기 어려운 일을 당할 때에는 결정될 심고와 혹은 설명 기도를 올리며, 난경을 당할 때에는 순경될 심고와 혹은 설명기도를 올리고, 순경을 당할 때에는 간사하고 망녕된 곳으로 가지 않도록 심고와 혹은 설명기도를 하자는 것이니, 이 심고와 기도의 뜻을 잘 알아서 정성으로써 계속하면 지성이면 감천으로 자연히 사은의 위력을 얻어 원하는 바를 이룰 것이며 낙 있는 생활을 하게 될 것이니라.

그러나, 심고와 기도하는 서원에 위반이 되고 보면 도리어 사은의 위력으로써 죄벌이 있나니, 여기에 명심하여 거짓된 심고와 기도를 아니 하는 것이 그 본의를 아는 사람이라고 할 것이니라.

심고와 기도를 올릴 때에는 '천지 하감지위(下鑑之位), 부모 하감지위, 동포 응감지위(應鑑之位), 법률 응감지위, 피은자 아무는 법신불 사은 전에 고백하옵나이다.' 하고 앞에 말한 범위 안에서 각자의 소회를 따라 심고와 기도를 하되 상대처가 있는 경우에는 묵상심고와 실지기도와 설명기도를 다 할 수 있고, 상대처가 없는 경우에는 묵상심고와 설명기도만 하는 것이니, 묵상심고는 자기 심중으로만 하는 것이요, 실지기도는 상대처를 따라 직접 당처에 하는 것이요, 설명기도는 여러 사람이 잘 듣고 감동이 되어 각성이 생기도록 하는 것이니라.

억울한 이야기

– 심고와 기도 1

외로움이 끝이 없는 사람은 기도하지 않는 사람입니다. 좌절한 다음에 일어나지 못하는 사람은 기도하지 않는 사람입니다. 절망의 어두운 터널을 벗어나지 못하는 사람은 기도하지 않는 사람입니다. 삶의 방향을 잃고 헤매는 사람은 기도하지 않는 사람입니다. 삶의 기쁨과 보람을 알지 못하는 사람은 기도하지 않는 사람입니다.

무료한 삶을 어쩌지 못하는 사람도 기도하지 않는 사람입니다. 감사보다 원망이 많은 사람도 기도하지 않는 사람입니다. 만사에 자신이 없는 사람도 기도하지 않는 사람입니다. 삶이 끝없는 고통이라고 느끼는 사람도 기도하지 않는 사람입니다. 인간관계에 늘 문제가 있는 사람도 기도하지 않는 사람입니다. 후회하는 삶을 반복하는 사람도 기도하지 않는 사람입니다.

억울하신가요? 이렇게 단정적으로 표현하니까? 하지만 '자신할 만한 타력을 얻은 사람은 나무뿌리가 땅을 만남과 같은지라, 우리는 자신할 만한 법신불 사은의 은혜와 위력을 알았으니… 심고와 기도의 뜻을 잘 알아서 정성으로써 계속하면 지성이면 감천으로 자연히 사은의 위력을 얻어 원하는 바를 이룰 것이며, 낙 있는 생활을 하게 될 것' 이라고 대종사님은 말씀하십니다. 하루에 1분이라도 꾸준히 기도하면 억울함은 사라질 것입니다.

나를 둘러싼 우주만유, 사은님께서는 내 기도에 반드시 응하십니다. 내가 등을 돌리고, 마음을 닫고 있기 때문에 외롭고 힘든 것입니다. 법신불 사은님께서는 도와달라고 하지 않아서 도와주지 못하고 계신 것입니다.

기도를 하는 순간 우리의 삶은 새롭게 열리기 시작합니다. 혼자서 사막을 걸어도 외롭고 힘들지 않을 수 있습니다. 세상에 가장 힘든 삶은 역경이 많은 삶이 아니라, 기도하지 않는 삶입니다.

고백하세요

– 심고와 기도 2

신호를 무시할 정도로 바쁜 택시 기사 분들도 차창을 내리고 길을 물으면 친절하게 응답을 합니다. 무뚝뚝하게 길을 가던 분들도 묻는 이에게 친절히 길을 알려줍니다. 이 모습에서 저는 늘 도와주고 싶어 하시는 법신불 사은님의 모습을 봅니다.

법신불 사은님은 이미 우리를 늘 도와주고 계십니다. 우리가 알건 모르건, 그러고도 모자라 또 도와주려고 기다리고 계십니다. 우리가 할 일은 고백하는 것입니다. 걱정만 하지 말고 고백하는 것입니다. 고백(告白)은 '숨김없이 사실대로 말하는 것' 입니다. 힘들면 힘들다고, 슬프면 슬프다고, 당신의 도움이 필요하다고, 당신을 사랑한다고, 하루하루가 정말 감사하다고, 내가 잘못했으니 용서해 달라고….

단순해 보이는 이 고백이 신앙의 첫걸음이고 위대한 변화의 시작입니다. 땀 흘려 일을 하거나, 한가히 길을 걷거나, 밥을 먹으면서도 내 마음을 들여다보며 내가 나에게 고백하고, 법신불 사은전에 고백하는 것입니다. 스스로 숨김없이 나를 드러내는 것입니다.

정산종사님은 분명히 말씀하십니다. '얼른 생각하기에는 마음으로 잠깐 고하는 것이 무슨 위력이 있을까 싶지마는 우리가 마음으로 생각하는 것이 다 허공법계에 스며드나니, 큰 공부가 되고 큰 위력이 있음을 잊지 말라' (원리편), '순일한 마음으로 정성스럽게 심고를 올리면, 이는 자문자답하는 것 같으나 불가사의한 영험이 있는 것' (한울안 한이치)이라고.

있는 그대로 진심으로 고백하는 순간 법신불 사은님은 귀 기울여 듣기 시작하십니다. 소리 없는 고백, 마음으로 하는 심고와 기도를 다 들어주십니다. 이 간단한 고백으로 진리와의 대화가 시작되고, 진리께서는 또다시 도와주시기 시작합니다. 기쁘고 행복하게.

불공하는 법

과거의 불공법과 같이 천지에게 당한 죄복도 불상(佛像)에게 빌고, 부모에게 당한 죄복도 불상에게 빌고, 동포에게 당한 죄복도 불상에게 빌고, 법률에게 당한 죄복도 불상에게만 빌 것이 아니라, 우주만유는 곧 법신불의 응화신(應化身)이니, 당하는 곳마다 부처님(處處佛像)이요, 일일이 불공법(事事佛供)이라, 천지에게 당한 죄복은 천지에게, 부모에게 당한 죄복은 부모에게, 동포에게 당한 죄복은 동포에게, 법률에게 당한 죄복은 법률에게 비는 것이 사실적인 동시에 반드시 성공하는 불공법이 될 것이니라.

또는, 그 기한에 있어서도 과거와 같이 막연히 한정 없이 할 것이 아니라, 수만 세상 또는 수천 세상을 하여야 성공될 일도 있고, 수백 세상 또는 수십 세상을 하여야 성공될 일도 있고, 한 두 세상 또는 수십 년을 하여야 성공될 일도 있고, 수월 수일 또는 한 때만 하여도 성공될 일이 있을 것이니, 그 일의 성질을 따라 적당한 기한으로 불공을 하는 것이 또한 사실적인 동시에 반드시 성공하는 법이 될 것이니라.

금 부처님 對 며느리 부처님

- 불공하는 법 1

불효가 막심한 며느리 때문에 마음고생이 많던 노부부가 실상사 부처님께 불공을 드리러 가는 것을 보시고 대종사님께서 그 며느리가 산 부처님이니 며느리에게 불공을 하라는 내용의 법문이 대종경 교의품 15장에 있습니다. 웬만한 원불교인이라면 다 아는 법문입니다만, 정말 그럴까요?

절에 모셔진 금빛 부처님은 늘 온화하고 자비로운 미소를 머금고 계십니다. 보기만 해도 마음의 업장이 녹아나는 것 같습니다. 며느리 부처님! 조금만 섭섭해도 눈꼬리가 올라가고 얼굴을 찌푸립니다. 금부처님은 어떤 이야기를 해도 묵묵히 모두 다 들어주십니다.

하지만 며느리 부처님은 듣기 좋은 이야기만 골라 듣습

니다. 금부처님은 원만하셔서 수박, 바나나, 사과 어느 것을 불단에 올려도 마다하지 않으십니다. 그런데 까다로운 며느리 부처님은 시어서 싫다, 달아서 싫다, 불만이 끝이 없습니다.

금부처님은 완전무결한 존재인데 며느리야 말로 결점 투성이에 단점 투성이입니다. 아무리 생각해도 며느리를 산 부처님으로 모시라는 가르침은 뭔가 억지스럽고, 거북살스럽고, 맞지 않는 것 같고, 뭔가 천박해 보입니다.

아무래도 대종사님께서 약간의 실수를 하신 것 아닌가 싶습니다. 도대체 신앙이란 것이 세속에서 묻은 때를 경건한 부처님 앞에서 씻어내고, 참회도 하고 새로운 희망도 얻고, 어려운 경계도 이겨낼 수 있는 보이지 않는 위력도 얻는, 그런 맛이 있어야 하는 것 아닌가요?

그런데 어설프기 짝이 없는 손아래 며느리를 산부처님으로 모시라고 하시니… 아무래도 금부처님이 진정한 부처님이 아닐까 싶습니다. 대종사님께 말씀드려서 법당에 금부처님을 다시 모시자고 해볼까요?

손톱보다 못한 부처님

- 불공하는 법 2

설교를 하다가 어여쁜 딸아이를 안고 있는 교도님에게 이렇게 물었습니다. '불단에 모셔진 부처님이 가장 존귀한 것, 아시죠?' 그렇다는 그 분의 대답에 재차 질문, '그렇다면 저 부처님과 따님의 손톱 하나를 바꾸시겠어요?' (손톱을 뽑으라는 끔찍한 주문) 그 분은 딸아이를 꼭 끌어안고 웃으면서 말했습니다. '아니요' 라고.

표현이 불경스럽긴 하지만 불단에 모셔진 금부처님 또는 일원상(○) 부처님은 분명히 한 아이의 손톱보다 소중하지 않습니다. 대종사님은 일원상을 일러 '달을 가리키는 손가락' 과 같다고 하셨습니다. 금불상 또한 진리를 가리키는 손가락이고, 일원상 또한 진리의 상징일 뿐입니다.

결단코 참 부처님을 발견하지 못하면 불공도 불가능합니다. 신앙도 수행도 부질 없습니다. 찬란한 장엄으로 모셔진 저 금부처님 보다 아이의 손톱 하나가 더 소중하고, 일원상 부처님보다 머리카락 한 올이 더 무겁다는 것을 뼈저리게 깨달아야 대종사님의 가르침을 따를 수 있습니다.

작은 손톱 하나, 하늘을 나는 참새 한 마리, 논에서 개굴거리는 개구리들, 그리고 내 속을 썩이는 보기 싫은 며느리가 참 부처님입니다. 불완전해 보이는 이 모두가 참 부처임을 알게 하려고, 무엇과도 바꿀 수 없이 귀하다는 것을 알게 하려고, 있는 그대로 모두가 은혜임을 알려주려고, 금부처님과 일원상 부처님은 지금도 법당에 자리를 지키며 침묵의 무상설법을 하고 계십니다. 어찌 이 부처님들 또한 소중하고 존귀한 부처님이 아니라고 하겠습니까?

환경은 파괴되고 생명의 존엄도 자꾸 가벼워지는 세태입니다. 부처님께 고개 숙이지 않고, 진리와 멀어진 과보입니다. 참다운 신앙, 실다운 불공이 아쉬운 시절입니다.

너는 내 운명

– 불공하는 법 3

며느리가 시부모님에게 불쾌한 얼굴로 아침 밥상을 가져 옵니다. 시부모님 마음이 편할 수 없고 행복할 수도 없습니다. 출근하는 남편에게 아내가 바가지를 긁어댑니다. 남편 마음이 편할 수 없고 행복할 수도 없습니다. 자녀가 느닷없이 가출을 합니다. 아빠 엄마의 하루하루가 지옥이 아닐 수 없습니다.

물론 그 반대도 마찬가지입니다. 시부모가 며느리를 파출부 보듯 합니다. 며느리의 마음이 편할 리 없고 시집살이가 행복할 수 없습니다. 늘 술에 취해 밤 12시가 넘어 귀가하는 남편이 있습니다. 아내의 마음이 편할 리 없고 그 삶이 행복할 수 없습니다. 아빠 엄마가 오직 학교 성적만을 이야기합니다. 자녀의 마음이 편할 리 없고 그 삶이 행복할 수가 없습니다.

나의 행복은 주위 인연과 떨어져 있지 않습니다. 아내가 먼저 세상을 뜨면 나는 홀아비이고, 남편이 먼저 세상을 뜨면 나는 홀어미입니다. 부모님이 돌아가시면 나는 고아이고 자녀가 먼저 가면 부모는 자식을 가슴에 묻고 평생을 죄인처럼 살아갑니다. 네가 행복하면 나도 행복하고, 네가 불행하면 나도 불행합니다.

행복은 밖에서도 오고, 안에서도 옵니다. 밖이란 우주만유, 곧 천지 · 부모 · 동포 · 법률, 사은님이고, 안이란 나이고 내 마음입니다. 나를 이해하고, 내 마음을 알아야 행복을 구할 수 있고, 우주만유를 이해하고 사은님께 공을 들여야 행복을 구할 수 있습니다. 내 행복을 좌우하는 모든 존재들이 부처님입니다.

머리 들어 어디를 보나 내 행복을 좌우하지 않는 존재는 이 우주에 하나도 없습니다. 그래서 대종사님은 곳곳이 부처님 일마다 불공이라고 하셨습니다. 당신은 부처님이고 당신은 내 운명입니다. 불공은 행복의 기술이고, 불공법은 행복의 법칙입니다.

성공하고 싶다더니…

- 불공하는 법 4

옳은 일을 하는데 그 일을 반대하는 사람이 있습니다. 그 일을 풀려면 반드시 그 사람을 만나야 합니다. 하지만 만나기가 죽기보다 싫습니다. 정작 만나야 할 사람은 만나지 못하고 친한 사람 만나 술 마시고, 그 사람을 안주 삼아 원망합니다. 이럴 때 스스로 물어보세요, '아니, 이 일을 성공시키고 싶다더니 왜 이러고 있는거야?' 라고.

법당에 모셔진 일원상 부처님 앞에 나아가 마음을 가다듬고 소원을 비는 진리불공도 반드시 필요하지만 직접 이 일을 도와줄 부처님은 만나기 거북한 바로 '그 사람' 입니다. 그가 내 성공을 좌우하고 내 운명을 좌우하는 살아있는 부처님입니다.

만나고 또 만나도 그 결과가 참담할 수 있습니다. 내가 미쳤지 저런 인간을 만나다니 하고 후회가 막심해서 포기하려 할 때, 다시 자신에게 물어봐야 합니다. '아니, 성공하고 싶다며? 이렇게 포기해도 되는 거야?' 라고.

또, '수만 세상 또는 수천 세상을 하여야 성공될 일도 있고… 수월 수일 또는 한때만 하여도 성공될 일이 있다' 는 대종사님의 말씀을 명심해야 합니다.

오늘도 사람들은 성공을 위해서 세상의 많은 문을 두드립니다. 두드린다고 그 문들이 다 열리지는 않습니다. 제대로 두드려야 합니다. 옛날 이야기처럼 '열려라 참깨!' 라고 해야지, '열려라 들깨!' 라고 아무리 외쳐봐야 열리지 않습니다.

열릴 것 같지 않은 완강한 문을 만나도 그 마지막 열쇠는 언제나 대종사님의 '불공하는 법' 입니다. 열리지 않는 문을 탓하는 것은 어리석은 일입니다. 지혜도 없이, 정성도 없이, 조급한 마음으로 열려고만 애쓰는 내가 잘못인 것이죠. 불공법을 대종사님께서는 '반드시 성공하는 법' 이라고 하셨습니다. 하여, 우리 모두는 성공해야만 합니다. 대종사님 제자라면.

사랑의 기술

- 불공하는 법 5

누구나 자신을 사랑한다고 하지만 잘 들여다보면 꼭 그런 것만도 아닙니다. 자신을 사랑한다고 하면서 자신을 미워하고, 자신을 위한다는 것이 자신을 해롭게 하는 경우가 너무 많습니다.

깨닫지 않으면 온전한 사랑도 없습니다. 내가 나를 모르고, 너를 모르는데 어떻게 사랑할 수 있겠어요? 그래서 진리를 깨달은 사람을 뜻하는 부처님이야말로 사랑할 능력이 있고, 나보다 더 나를 사랑하는 분이십니다.

모든 부처님들은 우리에게 자신을 사랑하는 법을 가르칩니다. 나를 사랑하고 나를 위하는 법을 가르치려다보니 '나'에 대해 설명하게 되고 그러다보니 가장 근본이 되는 '마음'에 대해 깊이 파고들게 됩니다. 이 가르침들이 넓은 의미의 불교, 진리를 깨달은 분들의 가르침입니다.

내가 행복하려면 나를 사랑할 줄 알아야 하고, 나를 사랑하려면 나를 이해하지 않으면 안됩니다. 나를 알아가고 이해하려는 노력을 수행이라고 한다면, 나를 이해해서 나를 믿게 되고, 나를 둘러싼 세상도 새롭게 이해하게 되어, 나도 믿게 되고 너도 믿게 되는 것은 신앙이라고 풀이해 보고 싶습니다.

나 자신이 그 무엇과도 바꿀 수 없는 존귀한 존재임을 알면 나도 부처라고 할 수 있을 것이고, 내가 그렇게 보이기 시작하면 다른 인연들도 그렇게 소중하게 보이고 세상도 '또 다른 나'로 보일 것입니다. 세상과 떨어져 나 혼자 행복할 수 없다는 것을 알게 될 때 천지님 · 부모님 · 동포님 · 법률님을, 이 세상 모든 존재들을 사랑하지 않을 수 없습니다. 나를 사랑하고 행복하게 하는 것이 불공이고, 그러다 보니 당하는 곳마다 부처님(處處佛像), 일일이 불공법(事事佛供)입니다. 대종사님의 불공법은 나와 너를 사랑하고 행복하게 하는 사랑의 기술입니다.

계문

보통급 십계문

연고 없이 살생을 말며, 도둑질을 말며, 간음(姦淫)을 말며, 연고 없이 술을 마시지 말며, 잡기(雜技)를 말며, 악한 말을 말며, 연고 없이 쟁투(爭鬪)를 말며, 공금(公金)을 범하여 쓰지 말며, 연고 없이 심교간(心交間)금전을 여수(與受)하지 말며, 연고 없이 담배를 피우지 말라.

특신급 십계문

공중사(公衆事)를 단독히 처리하지 말며, 다른 사람의 과실(過失)을 말하지 말며, 금은 보패 구하는 데 정신을 빼기지 말며, 의복을 빛나게 꾸미지 말며, 정당하지 못한 벗을 좇아 놀지 말며, 두 사람이 아울러 말하지 말며, 신용 없지 말며, 비단 같이 꾸미는 말을 하지 말며, 연고 없이 때 아닌 때 잠자지 말며, 예 아닌 노래 부르고 춤추는 자리에 좇아 놀지 말라.

법마상전급 십계문

아만심(我慢心)을 내지 말며, 두 아내를 거느리지 말며, 연고 없이 사육(四肉)을 먹지 말며, 나태(懶怠)하지 말며, 한 입으로 두 말 하지 말며, 망녕된 말을 하지 말며, 시기심(猜忌心)을 내지 말며, 탐심(貪心)을 내지 말며, 진심(瞋心)을 내지 말며, 치심(痴心)을 내지 말라.

꼼짝않고 행복하기

– 계문

제가 살고 있는 연천군엔 휴전선이 있습니다. 그래서 곳곳에 출입금지 구역도 많고 '지뢰' 라고 표시된 곳도 많습니다. 지뢰가 매설되어 있으니 출입을 금한다는 것이죠. 철부지 아이가 아닌 이상 이곳으로 들어갈 사람은 없습니다. 그 구역 안으로 들어가지만 않으면 지뢰는 터지지 않습니다.

대종사님께서 주신 30계문 역시 이와 같습니다. 무엇을 하지 말라고 하시는데 우리는 그것을 지키면 됩니다. 그러면 불행을 미연에 방지할 수 있는 것이지요. 그런데 안타까운 것은 안전한 삶을 원하면서도 지뢰밭으로 들어가는 것과 같이 행복을 원하면서도 불행의 길로 들어서는 사람들이 참으로 많다는 것입니다.

건강한 간장을 위해 약을 먹으면서도 술 먹기는 그치지 않거나, 기관지나 폐를 보호하는 약을 먹으면서도 담배를 피워댑니다. 평화로운 삶을 원한다면서 사나운 욕심은 그대로 품고 삽니다. 앞뒤가 맞지 않습니다.

'아니 땐 굴뚝에서 연기 나랴?' 는 속담이 생각납니다. 인과의 진리를 눈에 보이게 표현한 속담이 내 삶의 거짓을 드러내줍니다. 행복과 성공을 위해 무언가 땀나고 숨 가쁘게 해야 할 것 같은 분위기의 세상입니다만 정작 중요한 것은 '무언가를 하지 않는 것' 입니다.

간장약을 먹는 것보다 술을 마시지 '않는' 것이, 폐를 치료하기보다 담배를 피우지 '않는' 것이 더 중요합니다. 굴뚝에서 연기가 나게 하지 않으려면 아궁이에 불을 때지 '않으면' 되는 것입니다. '아무 것도 하지 않는 것' 만으로도 행복할 수 있다고 대종사님은 말씀하십니다. 지뢰밭에 들어가지 '않는 것' 만으로도 불행을 피할 수 있다는 간단한 사실을 상기하며 교전을 펼쳐보시기 바랍니다. 우리가 피해가야 할 30가지 지뢰의 종류가 나와 있습니다.

솔성요론

사람만 믿지 말고 그 법을 믿을 것이요,

열 사람의 법을 응하여 제일 좋은 법으로 믿을 것이요,

사생(四生)중 사람이 된 이상에는 배우기를 좋아할 것이요,

지식 있는 사람이 지식이 있다 함으로써 그 배움을 놓지 말 것이요,

주색 낭유(酒色浪遊)하지 말고 그 시간에 진리를 연구할 것이요,

한 편에 착(着)하지 아니할 것이요,

모든 사물을 접응할 때에 공경심을 놓지 말고, 탐한 욕심이 나거든 사자와 같이 무서워할 것이요,

일일 시시(日日時時)로 자기가 자기를 가르칠 것이요,

무슨 일이든지 잘못된 일이 있고 보면 남을 원망하지 말고 자기를 살필 것이요,

다른 사람의 그릇된 일을 견문하여 자기의 그름은 깨칠지언정 그 그름을 드러내지 말 것이요,

다른 사람의 잘된 일을 견문하여 세상에다 포양하며 그 잘된 일을 잊어버리지 말 것이요,

정당한 일이거든 내 일을 생각하여 남의 세정을 알아줄 것이요,

정당한 일이거든 아무리 하기 싫어도 죽기로써 할 것이요,

부당한 일이거든 아무리 하고 싶어도 죽기로써 아니할 것이요,

다른 사람의 원 없는 데에는 무슨 일이든지 권하지 말고 자기 할 일만 할 것이요,

어떠한 원을 발하여 그 원을 이루고자 하거든 보고 듣는 대로 원하는 데에 대조하여 연마할 것이니라.

위급할 때 꺼내 보거라

– 솔성요론

옛날이야기를 보면 이런 이야기가 종종 나옵니다. 오랜 수련기간을 마치고 하산하는 제자에게 수염이 하얀 사부님이 작은 주머니를 주며 당부합니다. '위급할 때 이 주머니를 열어 보고, 그대로 하면 될 것이다….' 묘하게도 이 비방은 위력을 발휘해서 사부님의 선견지명에 감탄하곤 합니다.

대종사님께서는 우리가 진리에 맞게, 은혜롭게, 온전한 생각으로 취사를 하도록 하셨습니다. 내 본래 성품의 원리에 맞춰 살면 행복할 수 있다고 거듭되는 가르침을 주셨습니다. 하지만 공부가 얕고 깨달음이 부족한 입장에선 이런 가르침을 잘 알기가 어렵습니다. 또 복잡다단한 실생활에서 즉각적으로 활용하기도 어렵습니다.

이런 우리들에게 마치 옛날이야기 속의 사부님처럼 대종사님께서 동그란 주머니를 주시며 당부하십니다. '이 속에는 16가지의 쪽지가 들어있다. 이것을 마음에 단단히 담은 다음에 하산 하거라. 천만경계 속에서 어떻게 처신해야 할 지 알 수 없을 때 도움이 될 것이다' 라고.

계문이 우리를 악도로부터 지켜주는 가르침이라면, 솔성요론 16조목은 복락과 진급의 길로 안내하는 가르침입니다.

누구를 어떻게 믿어야 할 지 모를 때, 어떤 가르침을 따라야 할 지 알 수 없을 때, 시간이 남을 때, 끝없이 놀고 싶을 때, 누구 편만 들고 싶을 때, 무언가 내 것으로 만들고 싶어 괴로울 때, 배울 것이 없다고 느껴질 때, 누군가 원망스러울 때, 다른 사람을 흉보고 싶을 때, 사촌이 땅을 사서 배가 아플 때, 내 일만 하면 그만이지 하는 마음이 날 때, 옳은 일이지만 하기 싫을 때, 그른 일이지만 자꾸 하고 싶을 때, 사람들이 내 말을 듣지 않아서 답답할 때, 소원이 이뤄지지 않아 괴롭고 힘들 때…, 일단 교전을 펴서 16가지 비방을 열어보시기 바랍니다.

모든 부처님 죽었다

– 솔성요론 1, 2조

'돌아가셨다', '열반하셨다' 대신 '죽었다'는 표현을 합니다. 이 글 제목의 '부처님'은 진리를 온전히 깨달은 '사람'을 이르고, 그들이 '생물학적으로' 온전히 죽었다는 것을 말하고자 함입니다. 사람 몸으로 태어났던 부처님들은 모두 죽었습니다. 그리고 그 몸 그대로 부활하지도 않습니다. 이것이 불교입니다.

그래서 부처님을 믿는다고 할 때, 그 부처님은 석가모니나 소태산 박중빈이라는 사람이 아닙니다. 그 분들이 그토록 간절히 구했던 '진리'이고 '가르침'입니다. 색신(色身)부처님이 아니라, 법신(法身)부처님을 믿는 것입니다. 그래서 법신불(法身佛)입니다.

이 진리, 진리 부처님, 법신불은 하느님으로 불리기도 하고, 때로는 도(道), 자연(自然), 비로자나불로도 불립니다. 수많은 이름으로 불려서 '이름 할 수 없다'는 이름으로 불리기도 합니다. 표현의 역설입니다. 우리를 위해 희생한 부처님들, 고맙지 않을 수 없고, 그 분들 앞에 무릎 꿇지 않을 수 없습니다.

하지만! 부처님들은 말합니다. 나를 밟고 가라고, 내 사랑에 보답하려면 나를 넘어서라고, 색신을 넘어 법신을 보라고. 대종사님은 말씀하십니다. '사람만 믿지 말고 그 법을 믿을 것이요' (1조)라고.

만고(萬古)에 무너지지 않는 진리를 드러내놓고 부처님들의 몸은 무너져 갔습니다. 색신 부처님에 대한 믿음을 철저히 무너뜨려야 절대로 무너지지 않는 법신불의 세계로 나아갈 수 있습니다. 믿음의 역설입니다.

이 역설을 알지 못하면 대종사님을 제대로 사랑할 수도 따를 수도 없습니다. 진정한 신앙에 들지 못한 사람들은 툭하면 헛된 것을 믿다가 허무한 결말을 보곤 합니다. 속기도 잘하고 사기도 잘 당합니다. 참된 신앙인은 속지 않습니다. 지금 무엇에 속고 있는 것은 아닌지 생각해 봐야겠습니다.

세 살의 기억, 소름이 돋다

– 솔성요론3, 4, 5조

분명 처음 가는 길인데 어디선가 본 듯하고, 언젠가 가본 것 같습니다. 기시감(旣視感). 참 이상한 느낌입니다.

그런데 문제는 공간이 아니라 내 삶에서 그것을 느낄 때입니다. 어떤 음식은 좋아하고, 어떤 종류의 사람은 싫어합니다. 어떤 상황에선 웃고 어떤 때는 화를 냅니다.

그러는 자신을 보면 소름이 돋습니다. 왜? 세 살 적 버릇 같아서입니다. '세 살 버릇 여든 간다' 는 말이 꼭 맞을 때입니다.

내가 변한 것이 하나도 없다고 느낄 때 삶 전체가 어지럽습니다. 세상의 모든 시계들이 녹아내리는 듯한 착각에 빠집니다. 전생, 그 전생, 그 전생부터 이러지 않았을까 하는 느낌이 스칠 때 마치 거대한 매트릭스 안에 갇혀버린 느낌입니다.

대종사님은 우리가 소중한 사람 몸을 받아 태어났으니 생을 허비하지 말고 배우고 또 배우며 끝없이 진리를 연구하라고 하십니다. 자칫 세 살짜리 삶을 사는 여든 살짜리 인생이 될 수도 있고, 생을 거듭해도 윤회의 쳇바퀴를 한 치도 벗어나지 못할 수도 있다고 경고하시는 것 같습니다.

도대체 무엇하고 있냐고, 도대체 아는 게 얼마나 되길래 그렇게 자만하고 있냐고 죽비를 내려치시는 것 같습니다.

만 권의 독서도 삶의 변화를 보장하지 못합니다. 하물며 노력하지 않는데 바뀌는 삶은 이 세상에 없습니다. 이 생을 통해 어떻게 해서라도 한 걸음의 진보라도 할 수 있기를 간절히 원하고 노력하지 않는다면, 이 삶은 소름끼치는 쳇바퀴입니다.

'사생(四生) 중 사람이 된 이상에는 배우기를 좋아할 것이요' (3조), '지식 있는 사람이 지식이 있다 함으로써 그 배움을 놓지 말 것이요(4조)', '주색낭유하지 말고, 그 시간에 진리를 연구할 것이요(5조).' 대종사님께서 치시는 그 죽비 아래 타성에 젖은 나를 내려놓습니다.

대통령 선거와 내 마음

– 솔성요론 6조

내 고향이 경상도면 경상도 출신 후보를 뽑고, 전라도면 전라도 출신을, 충청도면 충청도 출신을 뽑으면 되죠 뭐. 내가 여자를 좋아하면 여자를, 남자를 좋아하면 남자를 뽑으면 되죠 뭐. 내가 고학력자면 고학력 후보를 뽑고, 저학력자라면 자수성가형 후보를 뽑으면…. 정말 이러면 되는 걸까요? 과연 원만한 판단일까요?

대선 공약 가운데 경부운하건설이 있습니다. 이상한 것은, 이 공약을 만든 사람들도 전문가이고, 이 공약에 반대하는 사람들도 전문가라는 사실입니다. 내로라하는 교수나 전문가들이 같은 사안을 두고 너무나 다른 이야기를 하고 있습니다. 대종사님의 '한 편에 착(着)하지 아니할 것' (6조)이라는 말씀이 아프게 다가옵니다. 한 편에 붙지 말라는 말씀….

가만히 나를 돌아봅니다. 내게 다가온 숱한 경계들이 사실은 나의 치우친 마음 때문이고, 내 인격의 완성을 가로막고 있는 것도 바로 한 편에 집착된 마음임을 알 수 있습니다. 대종사님은 우리의 마음가짐과 삶의 태도에 대해 다음과 같이 자상히 알려주십니다.

'그대들이 원만한 사람이 되어 넓은 지견(知見)을 얻고자 하면 반드시 한편에 집착(執着)하지 말라. 지금 세상의 모든 사람들이 거의 다 각각 한편에 집착하여 원만한 도를 이루지 못하나니, 선비는 유가의 습관에, 승려는 불가의 습관에, 그 외에 다른 종교나 사회의 사업가들은 또한 다 각각 자기의 아는 바와 하는 바에 편착하여, 시비 이해를 널리 알지 못하고, 다른 사람의 법을 취하여 쓸 줄 모르므로 원만한 사람을 이루지 못하나니라.' (수행품27장)

강물을 따라 흐르는 배처럼 이쪽에도 저쪽에도 편착하지 않고 흐르고 흘러야 해탈과 자유, 삶의 새로운 차원을 맛볼 수 있을 것입니다.

사랑과 불륜

– 솔성요론 7조

세상살이가 힘들고 마음이 허전할수록 우리는 본능적으로 사랑을 갈구합니다. 드라마를 봐도, 영화를 봐도, 소설을 봐도 사랑이란 주제는 빠지지 않습니다. 그런데 어떤 경우에는 '저런 것도 사랑인가?' 하고 멈칫거리게 되는 경우가 있습니다.

너 없인 한 순간도 살 수 없다, 죽어도 좋다, 무슨 수를 써서라도 내 사람으로 만들겠다는 말들이 사랑의 표현으로 통용됩니다. 사랑하기 때문에 자식을 버리고, 배우자를 버립니다. 사랑하기 때문에 증오하고, 사랑하기 때문에 상처를 주고, 심지어 사랑해서 살인을 했다는 사람도 있습니다. 사랑이 과연 무엇인지 다시 생각하게 됩니다.

사람에 대한 사랑만을 이야기하고자 함이 아닙니다. 눈

부신 물질문명의 화려함 속에서 과연 어떻게 살아야 은혜로운 삶을 살 수 있을까요? 대종사님은 '모든 사물을 접응할 때에 공경심을 놓지 말고, 탐한 욕심이 나거든 사자와 같이 무서워할 것' (7조) 이라고 말씀하십니다.

대종사님은 성냥 한 갑을 훔친 사람이 그 행동으로 인해 엄청난 모욕을 당하게 된다는 내용의 예화를 설명하시며 '다시 생각하면 성냥을 취하려는 욕심이 들어서 제가 저를 무시하고 욕보인 것이요, 그 욕심은 성냥 한 갑에 대한 경외심을 놓은 데서 난 것이니, 사람이 만일 경외심을 놓고 보면 그 감각 없고 하찮은 성냥 한 갑도 그만한 권위를 나타내거든, 하물며 그 이상의 물질이며 더구나 만능의 힘을 가진 사람이리요… 만일 공경과 두려움을 놓아 버리고 함부로 동한다면 우주 안의 모든 물건은 도리어 나를 상해하려는 도구요, 이 세상 모든 법은 도리어 나를 구속하려는 포승이니, 어찌 두렵지 아니하리요' (인도품 33장) 라고 말씀하십니다.

내 마음에 간직한 공경심이 사랑을 완성하고 진정한 행복을 불러오는 부처님입니다.

이상한 스승, 대종사님

– 솔성요론 8, 9조

아픈 아이가 몸에 좋은 약을 쓰다고 먹지 않습니다. 가슴이 답답합니다. 답답하다 못해 나를 그렇게 믿지 못하나 하고 의심하고 원망하기도 합니다. 그러다가 '너를 위해서 하는 말이니까, 나를 무조건 믿어!' 라고 말합니다.

작은 지혜만 있어도 이런 답답함과 고통이 따르는데 위대한 성현님들이나 대종사님 같은 분들은 어떠셨을까 생각해 보게 됩니다. 참 묘하게도 대종사님은 '나를 따르라' 고 말하지 않으셨습니다. '무조건 내 말을 믿으라' 고도 하지 않으셨습니다.

대종사님은 스승님과의 문답과 감정을 매우 중요하게 강조하셨지만 스스로 배울 것을 강조하고, 또 강조하셨습니다.

'일일시시로 자기가 자기를 가르칠 것' (8조) 이라고 하십니다. 내 안에 위대한 스승님이 계시다고 알려 주십니다. 밖에 계신 스승님도 소중하지만 나를 가장 잘 아는 스승님은 바로 내 안에 계십니다.

밖에 계신 스승님과는 24시간 늘 함께 할 수 없지만, 내 안에 계신 스승님은 잠시도 떠날 수 없는 스승님입니다. 밖에 계신 스승님은 속일 수 있지만, 내 안에 계신 스승님은 도저히 속일 수가 없습니다.

양심이라고 할 수도 있고, 본성이라고도 할 수 있고, 법신불이라고도 할 수 있는 이 스승님을 모시기 시작할 때 진정한 배움이 시작됩니다. 비로소 내가 나를 가르치기를 쉴 수도 없고, 포기할 수도 없습니다. 물론 '다른 사람의 잘못된 일이 있고 보면 남을 원망하지 말고 자기를 살피라' (9조)는 가르침도 내 안의 스승님이 주시게 됩니다.

이상하죠, '일일시시로 자기가 자기를 가르치다' 보면 '나를 믿으라' 고 하지 않으신 대종사님을 자꾸 믿게 됩니다. 대종사님은 참 이상한 매력을 가진 스승님입니다.

학생부군신위

– 솔성요론 10조, 11조

원불교를 모르던 시절, 제 발로 찾아간 낯선 교당에서 구해온 교전을 단숨에 대종경까지 읽으며 눈시울을 붉혔습니다. 젊은 날 고민하던 두 가지가 한꺼번에 해결되더군요. 그것은 '나의 변화'와 '세상의 변화'였습니다.

내 본질을 추구하다보면 세상을 등질 것 같고, 세상의 변화를 위해 헌신하다보면 자칫 속이 공허해 질 수 있음을 걱정하고 있을 때 교전을 만난 것이죠.

우리 교법은 정말 그랬습니다. 늘 나의 깨달음, 배움이 중시되고 동시에 세상을 위한 노력도 중시되었습니다. 나와 세상, 일과 공부, 영과 육이 따로 나눠지 않았습니다. '다른 사람의 그릇된 일을 견문하여 자기의 그름은 깨칠지언정 그 그름을

드러내지 말 것이요' (10조),

'다른 사람의 잘된 일을 견문하여 세상에다 포양하며 그 잘 된 일을 잊어버리지 말 것이요' (11조)라는 두 가지 법문도 그렇습니다. 내가 깨우치고 배우는 것과 동시에 세상에 대한 배려도 함께 하도록 하십니다.

솔성요론에는 유난히 '배움' 에 대한 내용이 많습니다. 대종사께서 바라는 것이 쉽게 파악됩니다. 살아가면서 갈등이 많고, 어려움이 많고, 풀기 힘든 경계를 만났을 때 무엇보다도 먼저 '배우는' 태도를 챙겨야겠습니다. 이래도 배우고, 저래도 배우고, 언제 어디서나 배우는 태도를 잃지 않는다면 거기서 대종사님을 만나고, 법신불님을 만나고, 진정한 나와 실다운 답을 만날 수 있을 것 같습니다.

아무 벼슬도 하지 않은 사람이 열반했을 때 유교식 장례에서 위패에 '학생부군신위' (學生府君神位)라고 쓰던 것이 생각납니다. 오늘 다시 한 번 다짐을 합니다. 정말 '학생' 으로 살다가 '학생' 으로 죽어야겠다고. 더 이상 행복한 삶이 어디 또 있겠느냐고.

세정을 알아주세요, 하지만!

– 솔성요론 12조

다른 사람에게 잘 해줘라, 은혜를 베풀고 살라고 이야기 하면 철없는 아이들은 왜 꼭 그래야 하냐고 반문을 합니다. 그렇게 살면 손해 보는데 왜 그래야 하죠?

똑 떨어지는 대답, 쉽지 않습니다. 부처님이나 예수님이 그렇게 하라고 했습니까? 윤리교과서에 그렇게 나와 있어서? 아니죠, 아닙니다. 그것만으로는 부족합니다.

솔성요론(率性要論)은 거느릴 솔(率)자와 성품 성(性)자로 이뤄졌습니다. 성품을 거느리는 요긴한 방법입니다. 성품은 눈에 보이지 않지만 천만가지 마음의 어머니입니다. 마음의 뿌리입니다. 그 근본을 다스리는 방법인 것이죠. 그 뿌리의 관점에서 보아야 작은 질문에도 제대로 답을 할 수 있습니다.

이렇게 본다면 '다른 사람에게 잘 해주라' 는 말에서 '잘 해주는 것' 이 핵심이 아니라 '다른 사람' 이 오히려 핵심일 수 있습니다. 성품의 자리, 뿌리의 자리, 근본적인 자리에서 보자면 '다른 사람' 은 '또 다른 나' 일 뿐인 것이죠. 이 소식을 알아야 솔성의 참 뜻이 드러날 수 있습니다.

이 관점에서 12조 '정당한 일이거든 내 일을 생각하여 남의 세정을 알아줄 것' 이란 내용을 봅니다. 다른 사람의 자세한 형편을 헤아려주라는 말씀입니다. 더운 여름 날 힘들게 짐을 옮기는 노약자를 보면 도와주어야 마땅합니다. 내가 만약 같은 처지라면 얼마나 힘이 들 것이고, 다른 사람의 도움을 얼마나 필요로 할 것인가를 생각해 보면 그 답이 나옵니다.

하지만! 만약 그 사람이 훔친 물건을 옮기는 중이라면, '정당한 일이 아니' 라면 당연히 세정을 알아주면 안됩니다. 하나가 아니라 둘인 자리로 나눠봐야죠.

어떤 때 너와 나를 하나로 보고, 어떤 때 너와 나를 둘로 나눠서 봐야할 것인지를 제대로 알 때, 솔성의 도가 경전에 있지 않고 내 마음에 자리하게 됩니다.

이무기와 여의주

– 솔성요론 13, 14조

심형래 감독의 '디워' 라는 영화가 뜨거운 관심 속에 흥행몰이를 하고 있습니다. 여의주를 얻어야 용으로 환골탈태하여 승천할 수 있는 이무기들의 싸움이 그 줄거리입니다.

우리들에게 낯설지 않은 '이무기' 는 '용이 되지 못한 큰 뱀' 인데 옛날이야기를 통해서 들은 이무기는 일 년, 이 년이 아니라 수 백 년, 또는 천 년을 더 기다려야 용이 될 수 있습니다. 양지가 아니라 음지에서, 하늘이 아니라 물속에서 천년을 기다리는 이무기. 아마도 강한 성장 욕구나 성취 욕구, 질적 변화를 향한 인간의 강한 욕구를 투영한 것이 아닌가 싶습니다.

이 이야기에서 가장 극적인 것은 승천의 순간입니다. 승천의 모습을 누구에게도 들키지 말아야 한다든지, 반드시 지켜야 할 그 무엇이 있는데 아슬아슬하게 그 금기가 깨지면서 승천을 하지 못하는 장면입니다. 결코 하늘을 날 수 없는 존재가 하늘로 날아오른다는 극적 변화의 전제는 끝없는 인내와 희생인 것이죠. 아마도 이런 것들이 보는 이의 마음을 움직이는 것 같습니다. 저는 영화를 보면서 '여의보주(如意寶珠)가 따로 없나니, 마음에 욕심을 떼고, 하고 싶은 것과 하기 싫은 것에 자유자재하고 보면, 그것이 곧 여의보주' (대종경 요훈품13장)라는 대종사님 법문을 생각했습니다.

내 삶을 변화시키고 싶다면, 승천해서 하늘을 자유자재로 나는 한 마리 용이 되고 싶다면, 아무런 군더더기 없는 다음 법문을 가슴에 새겨야겠습니다, 아무런 변명도 없이.

'정당한 일이거든 아무리 하기 싫어도 죽기로써 할 것이요' (13조), '부당한 일이거든 아무리 하고 싶어도 죽기로써 아니할 것이요' (14조).

나 자신과의 기나긴 싸움에서 승리할 때 비로소 중생이라는 이무기가 여의보주를 얻어 불보살이란 용(龍)으로 승천할 것입니다.

대종사님과 딱지치기

– 솔성요론 15조

'말을 물가에 데려갈 수는 있어도 억지로 물을 마시게 할 수는 없다' 는 격언이 있습니다. 억지로 물을 먹이려 들면 반드시 말과 말 주인 사이에 탈이 납니다.

솔성요론 15조의 말씀은 '다른 사람의 원(願) 없는 데에는 무슨 일이든지 권하지 말고 자기 할 일만 할 것이요' 입니다. 사람과 사람 사이에서 자주 일어나는 문제를 보시고 안타까워서 하신 말씀입니다.

내가 해야 할 도리를 다 한다는 것은 결코 쉬운 일이 아닙니다. 한 사람의 남편으로, 아내로, 엄마로, 자식으로, 직장인으로, 신앙인으로…. 그런데 해야 할 도리도 다 하지 않고 다른 사람에게 자꾸 무언가를 권하게 된다면 그 내용이 좋아도 상대방은 잘 받아들이지 않습니다. 처처불상 · 사사불공(곳곳이 부처님 · 일마다 불공)이기에 모든 사람(부처님)의 입맛이 다르고, 원이 다릅니다. 획일적인 불공, 내 생각대로의 불공은 진정한 불공이 되지 못합니다.

옛날 총부의 한 장면-묵산 박창기 선진님이 운영하던 야학의 발표회 날, 연습한대로 발표를 해야 하는데 가만히 서있기만 하는 어린아이가 있어서 분위기가 굳어버렸다지 뭡니까. 모두 전전긍긍하는데 대종사님이 그 아이의 손에 쥐어진 딱지를 보시곤 '너 딱지 칠 줄 아냐?' 하시며 분위기를 반전시켜 신나게 딱지를 치게 했답니다.

대종사님은 당신께서 앉으셨던 의자를 옮겨가며 함께 해주시고, 대중들도 엄청 흥겨워했답니다. 선진님으로부터 들은 이야기입니다. 원 없는 일을 강요하다가 반성을 할 때면 반드시 생각나는 대종사님 일화입니다.

그 아이의 마음을 읽고 원(願)을 읽으시는 일이 아마도 대종사님의 일이셨다면, 그 대종사님 닮아가는 것은 우리의 일인 것 같습니다. 오늘 문득, 더 그립습니다. 대종사님.

원이 있으면, 실패는 없습니다

– 솔성요론 16조

'어떠한 원을 발하여 그 원을 이루고자 하거든 보고 듣는 대로 원하는 데에 대조하여 연마할 것이니라.' 솔성요론의 마무리 말씀입니다. 원(願)이란 바람, 바라는 바를 뜻합니다.

원이 있는 사람은 다릅니다. 원이 있는 사람은 실패를 두려워하지 않습니다. 성공을 갈망하는 사람은 많지만 실패를 두려워하지 않는 사람은 흔치 않습니다. 어떤 목적의 달성을 위해 땀 흘리는 모습으로는 구분이 되지 않습니다.

하지만 성공을 한 다음을 보면 확연히 차이가 납니다. 한 사람은 썩어가기 시작하고, 한 사람은 더 싱싱해집니다. 사욕인 경우 욕망의 충족 이후 허무에 빠집니다. 진정한 원을 향해 매진한 사람은 허무에 빠지지 않습니다. 실패 이후에도 확연한 차이가 납니다. 한 사람은 지나온 날들을 후회합니다. 다른 사람은 비록 실패했어도 지난 날을 아름답게 추억합니다. 결코 인생을 허비했다고 여기지 않습니다. 인생의 막다른 골목에서 스스로 무너지는 사람도 있고 새로운 길을 찾아내는 이도 있습니다. 성공을 해도 불행한 사람이 있는가하면 실패를 해도 행복한 사람이 있습니다. 그 차이는 바로 원(願)입니다.

솔성요론16조의 법문은 흔히 원을 이루기 위한, 성공을 위한 방법론으로 읽힙니다. 하지만 오늘 저는 거꾸로 새겨봅니다. 제대로 된 원을 가지기만 한다면 대종사님 말씀처럼 살지 않을 수 없다고. 진정한 원이 없다면 결단코 16조의 말씀을 따를 수 없다고.

진정한 원을 세우고 실현하기 위해 다음 법문도 참고하시기 바랍니다. '서원과 욕심이 비슷하나 천양의 차가 있나니, 서원은 나를 떠나 공(公)을 위하여 구하는 마음이요, 욕심은 나를 중심으로 사(私)을 위하여 구하는 마음이니라.' (법훈편 23장) 원이 있으면 실패는 없습니다.

최초법어

수신의 요법

시대를 따라 학업에 종사하여 모든 학문을 준비할 것이요, 정신을 수양하여 분수 지키는 데 안정을 얻을 것이며, 희 · 로 · 애 · 락의 경우를 당하여도 정의를 잃지 아니할 것이요, 일과 이치를 연구하여 허위와 사실을 분석하며 시비와 이해를 바르게 판단할 것이요, 응용할 때에 취사하는 주의심을 놓지 아니하고 지행(知行)을 같이 할 것이니라.

제가의 요법

실업과 의 · 식 · 주를 완전히 하고 매일 수입 지출을 대조하여 근검 저축하기를 주장할 것이요, 호주는 견문과 학업을 잊어버리지 아니하며, 자녀의 교육을 잊어버리지 아니하며, 상봉 하솔의 책임을 잊어버리지 아니할 것이요, 가권(家眷)이 서로 화목하며, 의견 교환하기를 주장할 것이요, 내면으로 심리 밝혀 주는 도덕의 사우(師友)가 있으며, 외면으로 규칙 밝혀주는 정치에 복종하여야 할 것이요, 과거와 현재의 모든 가정이 어떠한 희망과 어떠한 방법으로 안락한 가정이 되었으며, 실패한 가정이 되었는가 참조하기를 주의할 것이니라.

강자 · 약자의 진화상 요법

강 · 약의 대지(大旨)를 들어 말하면 무슨 일을 물론하고 이기는 것은 강이요, 지는 것은 약이라, 강자는 약자로 인하여 강의 목적을 달하고 약자는 강자로 인하여 강을 얻는 고로 서로 의지하고 서로 바탕하여 친 불친이 있나니라.

강자는 약자에게 강을 베풀 때에 자리 이타법을 써서 약자를 강자로 진화시키는 것이 영원한 강자가 되는 길이요, 약자는 강자를 선도자로 삼고 어떠한 천신만고가 있다 하여도 약자의 자리에서 강자의 자리에 이르기까지 진보하여 가는 것이 다시 없는 강자가 되는 길이니라.

강자가 강자 노릇을 할 때에 어찌하면 이 강이 영원한 강이 되고 어찌하면 이 강이 변하여 약이 되는 것인지 생각 없이 다만 자리 타해에만 그치고 보면 아무리 강자라도 약자가 되고 마는 것이요, 약자는 강자 되기 전에 어찌하면 약자가 변하여 강자가 되고 어찌하면 강자가 변하여 약자가 되는 것인지 생각 없이 다만 강자를 대항하기로만 하고 약자가 강자로 진화하는 이치를 찾지 못한다면 또한 영원한 약자가 되고 말 것이니라.

지도인으로서 준비할 요법

지도 받는 사람 이상의 지식을 가질 것이요,

지도 받는 사람에게 신용을 잃지 말 것이요,

지도 받는 사람에게 사리(私利)를 취하지 말 것이요,

일을 당할 때마다 지행을 대조할 것이니라.

대종사님 손톱부터 깎으시다

– 최초법어

일곱 살의 어린아이 때부터 진리에 대한 의문을 품으시고 타는 목마름으로 진리를 찾아나선지 20년. 온갖 고생 끝에 큰 깨달음을 얻으신 대종사님은 대각(大覺)하신 후에 과연 어떤 일을 먼저 하셨을까요?

원불교 교사(教史)를 보면 머리도 빗고, 손톱도 자르고, 세수도 하려하자 가족들이 기뻐했다는 내용이 있습니다.

온 몸에는 종기가 나고 건강을 돌보지 않아 폐인 소리를 듣던 대종사님이 드디어 자신의 몸을 돌보기 시작하자 아마도 가족들은 '대각' 이 아니라 '제 정신' 이 돌아온 것으로 알지 않았을까 추측해 봅니다.

대종사님은 '만유가 한 체성이며 만법이 한 근원이로다.

이 가운데 생멸 없는 도와 인과 보응되는 이치가 서로 바탕하여 한 두렷한 기틀을 지었도다' 라고 대각 일성을 토해내십니다.

그리고 얼마 뒤 드디어 세상을 구제할 법문을 시작하시니 이름하여 '최초법어' 입니다. 이 법문은 '수신의 요법', '제가의 요법', '강자 · 약자 진화상 요법', '지도인으로서 준비할 요법' 으로 구성되어 있습니다. 간략하지만 대종사님의 핵심적인 사상이 잘 드러나고 있는 법문입니다.

이 법문은 일견 너무 상식적이고 사실적입니다. 신의 심판이 멀지 않았다는 것과 같은 추상적인 말씀이 아닙니다.

나를 닦아 인격을 성숙시키는 방법, 가정을 행복하게 하는 법, 강한 사람들과 약한 사람들이 사이좋게 서로 진급하며 살 수 있는 법, 훌륭한 지도인이 되기 위해 준비하는 법에 대해 담담하게 기술하십니다.

손톱을 깎는 일처럼 별 것 아니게 보일 수도 있는 말씀들입니다. 하지만 그 말씀의 진면목은 그렇게 간단치가 않습니다. 공부해 봐야겠습니다.

상식의 위력

– 수신요법 1

훈련교무 시절 경남 어느 큰 도시로 빈민활동 답사를 간 적이 있습니다. 그 도시에서 가장 가난한 동네라는 곳을 찾아갔는데 수많은 집들의 크기와 모양새가 같았습니다. 산동네 전체가 빈민촌이었습니다.

어쩌면 이럴 수가 있는지 놀라고 있는데 잠시 후 더 놀라운 이야기를 듣습니다. 거기가 일종의 신앙촌이라는 것, 조선조 말에 엄청난 세를 가졌던 종교의 일파가 자리를 잡았던 곳이라는 것, 자녀를 학교에 보내지 말라는 가르침을 따랐다는 것, 그래서 빈민촌이 되었다는 것….

그 산동네를 내려오면서 과연 종교라는 것이 무엇인가를 곰곰이 생각하지 않을 수 없었습니다. 아직도 그 동네 분들이 자녀들을 학교에 보내지 않고 있는지 걱정이 됩니다.

대종사님은 수신, 나를 바르게 하는 법으로 '시대를 따라 학업에 종사하여 모든 학문을 준비할 것'을 첫 번째로 말씀하십니다. 참 상식적인 말씀입니다. 교육에 목을 매다시피 하는 요즘의 세태에선 구태의연한 말씀으로도 들립니다. 하지만 이 법문이 없다고 생각한다면 어떨까요? 아마도 균형 잡힌 인격 완성에 심각한 문제가 생기고 말 것입니다.

눈앞에 가득 펼쳐진 빈민촌을 보면서 '몰상식의 위력(?)'을 보는 것 같아 참 씁쓸했습니다. 독특하고 기이한 가르침에 현혹되지 말고 명명백백하고 쉽고도 큰 길을 가야겠습니다. '상식적인 말씀이군!' 하고 흘려버릴 것이 아니라, 그 상식적 표현 뒤에 숨은 진리에 기초한 삶을 살아서 '상식의 위력(?)'을 발휘하며 살아야겠습니다.

* 원래 '수신(修身), 제가(齊家)'란 말은 대표적인 유교 경전인 '대학(大學)'에 나옵니다. 원문을 보시면서 대조해 보시기 바랍니다.

흔들지 않으면 흔들리지 않습니다

– 수신의 요법 2

다른 사람을 구하려다가 힘에 부쳐 죽었다는 안타까운 물놀이 사고 소식을 종종 접합니다. 나라면 어땠을까 생각해봅니다. 결국 문제는 내 수영실력입니다. 수신(修身)도 같다고 봅니다. 내 인격을 닦아놓지 않으면 천만경계 속에서 결국 끝없는 고통을 받으며 무너질 수밖에 없습니다.

대종사님은 수신의 요법 두 번째로 '정신을 수양하여 분수지키는 데 안정을 얻을 것이며, 희 · 노 · 애 · 락의 경우를 당하여도 정의를 잃지 아니할 것이요' 라고 말씀하십니다. 지고의 수행법 삼학 가운데 정신수양에 관한 내용입니다.

마음이 불안할 때 자신을 들여다봅니다. 이런 저런 상황과 경계들이 나를 흔들리게 합니다. 하고 싶은 것도 많고, 얻고 싶은 것도 많습니다. 따라서 이뤄지는 것도 적고, 얻는 것도 적어서 마음 고통이 심합니다. 불안한 세상이 나를 흔들리게 하는 것 같습니다.

정말 그런가, 깊이 나를 봅니다. 좀 달리 보입니다. 무엇이 나를 흔들리게 한 것이 아니고, 사실은 내가 나를 흔든 것입니다. 물론 경계와 상황이 나에게 큰 영향을 주는 것은 사실입니다. 하지만 그 근본을 들여다보면 내가 나를 흔들고 있습니다. 내 안정을 해치는 주인공이 누구인지를 정확히 봐야 합니다. 그래야 비로소 '나'의 마음공부, '나'를 닦는 공부가 시작됩니다.

'네'가 불안하면 '너'를 안정시켜야 하겠지만, 지금 '내'가 불안하다면 다스려야 할 것은 바로 '나'인 것이죠. 말로는 안정된 마음과 삶을 바란다면 내가 나를 흔드는 일은 이제 그만 두어야 합니다.

이 공부가 모든 공부의 기초입니다. 안정된 사람이 있는 가정, 직장, 사회는 더불어 안정되고 행복해집니다. 안정은 스스로 찾는 것입니다. 흔들지 않으면 결코 흔들리지 않습니다.

생각해야 사람입니다

– 수신의 요법 3

얼마 전에 두 사람의 인부를 쓴 적이 있습니다. 모두 열심히 일했지만 한 사람은 시키는 대로만 하고 다른 사람은 이리저리 궁리를 하면서 효과적으로 일했습니다. 솔직히 같은 일당을 지급했지만 생각을 하면서 일을 해준 분이 더 고마웠습니다. 또, 사람은 선량한데 자꾸만 일을 그르치고 사기를 당해서 불행에 빠지는 사람을 보면 참 답답하고 안타깝습니다. 좀 더 많은 생각이 필요하고 지혜가 필요한 경우입니다. 사람은 생각하는 동물입니다. 생각의 힘, 지혜, 연구력이 가장 뛰어나기 때문에 사람입니다.

따라서 생각하지 않는 사람은 사람이길 포기하는 것과 같다고 할 수 있습니다. 생각하지 않고 사는 사람이 어디 있냐고 할 수도 있습니다. 하지만 곰곰이 생각해보면 전혀 생각을 하지 않는 것은 아니더라도, 생각하기를 게을리 하거나 회피하는 경우는 많이 있습니다.

맛있고 배불리 먹는 것을 생각하지만 건강과 삶의 가치를 생각하지 않는 경우. 좋은 학교를 가기 위해 혈안이 되면서도 진정한 학문의 가치를 이루고자 하는 목적을 생각하지 않는 경우. 재산을 모으느라 피를 말리면서도 그 재산을 어떻게 쓸지에 대해 진지하게 생각하지 않는 경우. 건강한 삶을 위해 아등바등 하면서도 생노병사의 이치에 대해서는 깊이 생각하지 않는 경우. 이런 경우들이 있다면 아마도 모두 '수신(修身)'이 덜 되었다는 증거일 것입니다.

바쁜 현대인들은 아마도 반드시 생각해야 할 것들은 점점 생각하지 않고 삶의 곁가지와 같은 것에 대해 너무 많은 생각을 하고 있는 것은 아닌지 걱정됩니다. '일과 이치를 연구하여 허위와 사실을 분석하며 시비와 이해를 바르게 판단할 것'이라는 대종사님의 말씀을 깊이 생각해야겠습니다. 한 생각이 행복과 불행을 불러오고, 한 생각이 나를 결정합니다.

알면서…

– 수신의 요법 4

자주 그릇을 깨뜨리는 사람이 있습니다. 툭하면 휴대전화를 떨어뜨리고 잃어버리는 사람이 있습니다. 저도 가끔 자동차 미등을 끄는 것을 잊어버리곤 합니다. 실수를 하고 싶어서 할까요? 그릇을 깨뜨리면 안된다는 것도 알고 있고, 미등을 꺼야한다는 것도 알고 있습니다. 알면서도 실수를 하고 있는 것이죠.

밤늦게 음식을 먹으면 살찐다는 것을 모르고 먹는 사람이 몇이나 될까요? 갑자기 화를 내면 상대방이 상처를 받는다는 것을 모르는 사람이 얼마나 될까요? 쓰레기를 아무데나 버리면 환경오염이 된다는 것을 모르는 사람이 얼마나 될까요? 절도, 강도, 강간, 살인이 심각한 범죄행위라는 것, 씻기 어려운 악업이라는 것을 모르는 사람이 있을까요?

알죠, 알면서도 그 행위를 하는 경우가 거의 대부분입니다. 게을러서 자기 전에 칫솔질을 하지 않는 어린이의 행위나 수많은 사람들을 피흘리게 하는 행위도 그 근본은 별로 다르지 않습니다. 대종사님께서 말씀하신 수신의 요법 마지막 내용은 '응용할 때에 취사하는 주의심을 놓지 아니하고 지행을 같이 할 것이니라' 입니다.

아는 것도 중요하지만 결국 아는 것이 실행으로 옮겨지지 않으면 원만한 인격을 이룰 수 없습니다. 취하고 버린다는 의미가 한 데 뭉쳐서 '취사(取捨)' 라는 단어를 이루고, 앎과 실행이라는 의미가 모여서 '지행(知行)' 입니다. 이것을 취한다는 것은 저것을 버린다는 것이고, 이것을 버린다는 것은 저것을 취한다는 것입니다.

취하고 버리는 능력이 내 인격이고, 아는대로 실행하는 가운데 인격이 완성됩니다. 내 몸과 마음을 어떻게 사용하느냐에 따라 내 인격이 좌우되고 내 운명이 결정됩니다. 수신이란 결국 내 운명을 개척하는 공부입니다. 하지만 이것도 알면서… 하지 않으면….

식구들 굶기지는 않아야죠

– 제가의 요법 1

어렸을 적 기억에 돌아가신 아버지는 늘 깜깜한 새벽에 일어나 담배를 태우셨습니다. 이불 속 졸린 눈 사이로 어렴풋이 보이던 빨갛게 타들어가던 담뱃불 기억이 지금도 생생합니다. 그래요. 아마 우리 집 옆집에서도, 또 그 옆집에서도 그랬을 겁니다. 수많은 범부와 필부 가운데 한 사람일 뿐인 그 아버지들, 그리고 어머니들이 식구들 굶기지 않으려고 잠을 설치고, 추위를 피하게 하려고 고민의 밤을 지샜을 것입니다.

이름 없는 그 분들의 걱정과 근심, 그리고 수고로움 속에서 우리 자식들은 생명을 부지하고 살아남았습니다. 자식들에 대한 눈먼 사랑이 너무 천박해 보일 때도 있지만, 그 눈먼 사랑이 이 세상의 자식들을 키워냈습니다.

대종사님은 '실업과 의 · 식 · 주를 완전히 하고 매일 수입 지출을 대조하여 근검저축하기를 주장할 것'을 첫 번째로 요구하십니다. 너무 사실적이어서 감히 어떤 부연을 하기가 힘들 정도입니다.

확실히 대종사님은 실학자입니다. 공리공론이 아니라, 이 땅에 육신을 가지고 살아가야 할 사람들을 위해 반드시 필요한 말씀을 하고 계십니다. 누구든 가족의 행복을 원합니다. 그런데 그 행복은 먹고, 입고, 잠자는 것에 기초해 있습니다. 이것이 무너지면 그 다음도 기약할 수가 없습니다.

정당한 직업을 가져야 하고 수지를 맞춰야 하고 근검저축해야 한다고 말씀하십니다. 부처가 되기 위해, 도를 깨닫기 위해 처자식을 버리고 속세를 등지라는 가르침을 펴시지 않습니다. 해야 할 도리를 다 하라고 하십니다.

어느 시인은 '밥이 하늘'이라고 했습니다. 가족의 의 · 식 · 주를 위해 땀 흘리는 일은 가장 가까이 계신 부처님들에 대한 불공입니다. 성스러운 일이 따로 있지 않습니다. 우리 집 행복나무는 여기에 뿌리 내리고 있습니다.

아버지, 어머니 공부하세요!

– 제가의 요법 2

대종사님은 처음부터 끝까지 '공부' 또 '공부' 입니다. 요즘 말로는 '평생학습' 이라고 할 수 있겠죠. 그런데 살아서만이 아니라 열반에 든 영혼에게도 천도법문을 읽어주어 어두운 영혼의 길을 밝혀주시니 평생학습이 아니라 '영생학습' 의 주창자라고 해도 맞을 것입니다.

가정을 행복하게 하기 위한 '제가의 요법' 으로 처음에는 의식주를 말씀하시고, 그 다음엔 '호주는 견문과 학업을 잊어버리지 아니하며, 자녀의 교육을 잊어버리지 아니하며, 상봉하솔의 책임을 잊어버리지 아니할 것이요' 라고 말씀하십니다. 가정을 이끌어 가는 사람의 책임을 강조하는 데 먼저 자신이 공부에 앞장서라고, 그리고 자녀의 공부도 챙기라고 말씀하십니다.

많은 가정이 최우선 순위를 자녀교육에 두고 있습니다. 기러기 아빠가 되기를 두려워하지 않고, 파출부를 해서 과외비를 대는 집도 있습니다. 자녀들의 성적에 일희일비, 온통 자녀교육, 또 자녀교육입니다.

하지만 정작 다시 생각해 볼 것은 어른들의 공부. 집안의 어른들이 배움에 앞장서는 모습을 보이지 않고 자녀들의 공부만을 강조한다면 그 집안은 불안합니다. 부모님들이 먼저 공부하는 모습을 보여야 합니다. 부모도 공부, 자녀들도 공부하라는 말씀입니다.

텔레비전 드라마 대신 책을 읽는 가정이 얼마나 될까요? 배움을 놓지 않는 부모가 된다는 것은 결코 쉬운 일이 아닙니다. 학교를 졸업하면서 배움도 졸업해버리기 때문이죠. 아마도 배움을 놓지 않는 부모들은 윗사람을 받들고 아랫사람을 거느리는 '상봉하솔(上奉下率)' 도 잘 할 것입니다. 배움 속에 그 원리가 있기 때문이죠. 오늘부터라도 자녀들에게 공부하라고 외치기 전에 나부터 공부하는 어른들이 되어야겠습니다. 현재 우리 집 행복 운전수는 바로 부모들입니다.

신통, 방통, 소통, 형통

– 제가의 요법 3

남녀의 성품이 원래 다르다면 남녀는 서로 사랑도 할 수 없고 소통도 할 수 없을 것입니다. 원래부터 근본이 다르니까. 남한 사람들과 북한 사람들의 마음바탕 자체가 다르다면 남북회담을 백 날 해봐야 소용이 없을 것입니다.

경상도, 전라도, 충청도 사람들의 성품이 원래 다르다면 결코 지역감정을 없앨 수 없고, 흑인과 백인의 성품이 다르다면 인종차별을 극복할 수도 없겠지요. 성격이 다른 부부는 늘 싸워야 하고, 자녀들과 부모는 늘 답답해야 할 것입니다. 서로 다르니까. 하지만 마음이 다른 것이지 성품(性稟)은 같습니다.

늘 외우는 일원상서원문에서 대종사님은 '일원은… 제불조사 범부 중생의 성품으로…' 라고 부처님들이나 법 높은 스승님들이나 보통사람들과 뭇 생명 있는 존재들의 성품이 같다고 선언하십니다. 모두 하나로 통할 수 있는 공통분모를 가졌다는 말씀이라고 할 수 있습니다.

그래서 남녀는 사랑을 할 수 있고, 남북한 사람들은 휴전선을 넘어 소통할 수 있으며, 지역감정은 극복되고 있습니다. 흑인과 백인도 사이좋게 지낼 수 있습니다. 우주만물이 서로 소통할 수 있는 근거가 여기에 있는 것이죠.

가족 이야기로 다시 돌아갈까요. 우리 가족들은 서로 마음이 다릅니다. 삐치고 다툽니다. 하지만 이것이 진리의 모습입니다. 같으면서도 다르고, 다르면서도 같은 것이 법신불 사은님의 모습입니다. '가권(家眷)이 서로 화목하며, 의견교환하기를 주장할 것이요' 라는 대종사님 말씀을 가만히 곱씹어보면 알 수 있습니다. 우리들의 마음이나 의견, 감정은 다를 수 있다는 것을, 하지만 서로의 소통을 통해서 화목을 이룰 수 있다는 것을.

성품은 같고 마음은 다를 수 있으니, 웃으며 소통하면 만사가 형통할 것입니다. 성리(性理)에 바탕한 행복 원리입니다.

외롭고 불안한 집

– 제가의 요법 4

한적한 산골에 자리 잡은 집이나, 외딴 곳에 있는 집은 외로워 보입니다. 위험한 축대 밑에 있는 집은 불안해 보입니다. 그런데 외딴 곳에 있지 않아도 외롭고 고독한 집이 있고, 위험한 곳에 있지 않아도 불안하고 위태로운 집이 있습니다. 다음의 대종사님 법문을 받들면 공감이 되실 것입니다.

'내면으로 심리(心理) 밝혀주는 도덕의 사우(師友)가 있으며, 외면으로 규칙 밝혀주는 정치에 복종하여야 할 것' 이라는 말씀입니다.

마음을 밝혀주는 스승님과 도반이 없는 가정은 외롭고 고독합니다. 어떻게 살아야 할 것인지 방향을 잃었을 때, 진정한 삶의 지혜가 필요할 때 이를 알려주는 스승님이나 벗이 없다면 이 가정이야말로 정말 외롭고 불안한 집입니다. 더구나 밖으로 사회규범을 무시하고 법률배은을 하는 가정은 현재 아무리 부유하고 권세가 있을지라도 불안한 집입니다.

우리 곁에는 어떤 스승님들이 계신가요? 아이들 성적을 쑥쑥 올려주는 과외선생님? 이윤을 많이 남겨주는 펀드매니저? 족집게처럼 점괘를 봐주는 소위 도사? 입이 닳도록 칭찬하고 용하다고 소문을 내지요. 가히 스승이라 할 만한 대접을 받는 것 같습니다. 하지만 이 분들을 진정한 스승님이라고 하기엔 고개가 갸웃거려집니다. 대종사님께서 말씀하시는 내 마음의 이치를 밝혀주는, 마음공부의 스승님은 아니기 때문입니다. 이런 스승님을 모신 집이 얼마나 될까요?

나와 우리 가족을 깊이 들여다보고 아무런 이해관계 없이 바른 가르침과 충고 또는 격려를 해주는 도덕의 사우가 곁에 있다면 우리 집은 참으로 든든하고 행복하고 희망이 양양할 것입니다. 안으로 참된 스승님을 모시고 참된 벗과 가까이 하면서, 밖으로 법률보은을 하는 집, 대종사님께서 보고 싶어 하시는 집입니다.

희망으로 창을 내겠소!

– 제가의 요법 5

'과거와 현재의 모든 가정이 어떠한 희망과 어떠한 방법으로 안락한 가정이 되었으며, 실패한 가정이 되었는가 참조하기를 주의할 것이니라.' 제가의 요법을 마무리하는 대종사님 법문입니다. 여기서 '희망'이란 '절망'의 반대말이 아닙니다. 오히려 요즘 표현인 '비전'(vision)에 가깝다고 봅니다.

동사무소를 가도 동사무소의 지향하는 바를 크게 써 붙여 놓았습니다. 학교를 가도 교훈을, 도청이나 시청을 가도 그들이 이루고자 하는 바가 명료합니다. 우리 집은 어떤 비전, 어떤 희망을 가지고 있나요?

우리 집 구성원들이 함께 가고자 하는 방향은 무엇이고, 함께 이루고자 하는 것은 무엇인가요? 우리 집의 희망은 무엇인가요? 대종사님께서 묻고 계십니다.

꿈이나 비전, 목적, 희망과 같은 것은 그것만으로는 이뤄지지 않는 공통점을 가지고 있습니다. 반드시 실천방안이 있어야 합니다. 함께 의견을 교환하고, 연구하고, 고민하고, 땀을 흘리고 그 결과를 점검하고 평가해야 합니다.

무언가를 이룬다는 것은 결코 쉽지 않습니다. 더구나 고귀한 무언가를 이룬다는 것은 더욱 쉽지 않습니다. 끝없는 희망과 강한 신념으로 가득찬 집이 되어야 하고 이를 위해 합리적 방법을 실천해야 합니다.

우리 집 대문과 창문은 어디를 향하고 있나요? 열거나 닫거나 그 자리엔 오직 가슴 벅찬 희망이 있어야 합니다. 고난과 역경이 100이라면 우리 집 희망은 1,000으로 키워야 합니다. 절망의 먹장구름이 밀려온다면 희망의 광명을 태양처럼 밝힐 일입니다. 이것이 바로 대종사님 제자로서 살아가는 우리들이 해야 할 일입니다. 다른 가정의 사례연구를 해서라도 그렇게 하라고 대종사님께서 당부하고 계십니다.

희망이 가득한 집! 사마악취자소멸!

더 이상 피 흘리지 마라

– 강자 약자 진화상의 요법

고등학교 시절이었습니다. 그 유명한 삼국지를 읽다가 그만 책을 덮어버렸습니다. 영웅호걸들이 등장해서 수많은 전쟁을 하는데 정작 죽어가는 수 십 만, 수 백 만의 병사들은 이름도 남기지 못하고 사라져버리는 것이 답답했습니다. 나름대로 대의명분을 내세워 전쟁을 하지만 결국은 피 흘리는 약육강식의 모습이었습니다.

문명을 뽐내는 현대 인류가 사는 모양은 어떤가요? 강대국들은 흡혈귀처럼 산유국의 목에 이빨을 박아 넣고 기름이란 피를 빨고 있습니다. 자립을 외치는 소수 민족들을 수없이 죽이며 통치를 합니다. 큰 세력의 종교는 약한 쪽을 무자비하게 탄압하고 죽입니다. 민족청소란 이름으로 수 만 명의 여성을 강간하고 죽입니다. 지금도 중동에선 스스로 인간 폭탄이 되어 죽어가는 이들이 있습니다.

남성이란 강자들은 여성을 억압하고 인류라는 강자는 약자인 다른 동물들의 씨를 말리며 지구를 파괴하고 있습니다. 이 세상이 '약육강식의 피바다' 라고 한다면 과한 표현일까요? 아닙니다. 현대 문명은 그 어느 때보다도 더 파괴적이고 자해적입니다. 문명이라는 포장으로 그 야만성을 교묘히 감추고 있을 뿐입니다.

유가의 수신, 제가, 치국, 평천하 라는 순서가 대종사님 법문에선 수신과 제가 다음이 '강자 · 약자 진화상의 요법' 으로 바뀌어 있습니다. 새 세상에선 강자와 약자가 서로 상생 상화하며 진급하지 않으면 안 된다고 간곡히 말씀하고 계십니다. 약육강식의 세상에서는 강자나 약자나 모두 불행할 수밖에 없다고, 강자는 약자를 자리이타로 진급시켜주고, 약자는 강자로 진급하도록 부단히 노력해야 한다고 상생 진화의 원리를 천명하고 계십니다. 상극의 재앙을 끝내고 세계평화와 인류의 행복을 열어주시는 자비 법문입니다.

반장부터 대통령까지

– 지도인으로서 준비할 요법

초등학교 시절 반장 선거를 생각합니다. 정말 공부도 잘하고 청소도 잘하고 솔선수범하는 친구가 반장에 뽑히는 경우는 마음이 편했지만 그렇지 않은 경우도 있었습니다. 모든 면에서 별로인 친구가 뽑히면 마음이 늘 불편했습니다.

사람은 모여 살고 사람이 모인 곳에는 지도인이 있기 마련인데 이 지도인의 역할에 따라 그 조직이나 단체가 흥하기도 하고 망하기도 합니다. 지도받는 사람들이 진급하기도 하고 강급하기도 하며, 행복할 수도 있고 불행할 수도 있습니다.

아이들 반에도 반장이 있고, 가정에도, 회사에도, 사회에도, 국가에도, 종교에도 지도인이 있습니다. 훌륭한 지도인이 되려면, '지도 받는 사람 이상의 지식(知識)을 가질 것이요, 지도 받는 사람에게 신용(信用)을 잃지 말 것이요, 지도 받는 사람에게 사리(私利)를 취하지 말 것이요, 일을 당할 때마다 지행(知行)을 대조할 것이니라' 고 대종사님께서 말씀하십니다.

간단명료하고 평이한 말씀인데 내 삶과 대조하면 가슴이 뜨끔합니다. 이 내용을 실천하려면 결코 쉽지 않기 때문입니다.

혹시 나는 떠들면서 아이들보고는 조용히 하라고 외치거나, 자기는 청소하지 않으면서 아이들더러 청소 잘 하라고 다그치는 반장이 아닌지 반성합니다. 자신을 훈련할 때에도 이 법문을 기준 삼고 자녀들을 키울 때도 이 법문을 명심해야겠습니다. 결국 우리 모두가 지도인이기 때문입니다.

그리고 참된 지도자를 구별할 때도 대종사님의 이 법문을 기준삼아야겠습니다. 참된 지도인의 조건에는 외국 학위도, 많은 재산도, 높은 권력도, 화려한 언술도, 좋은 집안도 없습니다.

우리 모두 지혜와 실천이 겸비하고 공심 많고 믿을 만한 사람이 되어야겠습니다.

고락에 대한 법문

대범, 사람이 세상에 나면 싫어하는 것과 좋아하는 것 두 가지가 있으니, 하나는 괴로운 고(苦)요 둘은 즐거운 낙(樂)이라, 고에도 우연한 고가 있고 사람이 지어서 받는 고가 있으며, 낙에도 우연한 낙이 있고 사람이 지어서 받는 낙이 있는 바, 고는 사람 사람이 다 싫어하고 낙은 사람 사람이 다 좋아하나니라. 그러나, 고락의 원인을 생각하여 보는 사람은 적은지라, 이 고가 영원한 고가 될는지 고가 변하여 낙이 될는지 낙이라도 영원한 낙이 될는지 낙이 변하여 고가 될는지 생각없이 살지마는 우리는 정당한 고락과 부정당한 고락을 자상히 알아서 정당한 고락으로 무궁한 세월을 한결같이 지내며, 부정당한 고락은 영원히 오지 아니하도록 행 · 주 · 좌 · 와 · 어 · 묵 · 동 · 정 간에 응용하는 데 온전한 생각으로 취사하기를 주의할 것이니라.

극락문을 여는 법

– 고락에 대한 법문 1

추운 겨울 새벽에 운동을 하러 나갑니다. 고통스럽습니다. 서둘러 출근을 합니다. 괴롭습니다. 퇴근 할 때까지 온갖 일을 합니다. 역시 쉬는 것보다 고역입니다. 학생들은 공부하느라 괴롭고 주부들은 가사 때문에 괴롭습니다. 이래저래 고생입니다.

그래서 석가모니 부처님은 인생을 고통의 바다로 표현하셨는지 모릅니다. 그런데 왜 대종사님은 굳이 '고락에 대한 법문'을 하셨을까요? 대종사님은 '고'(苦), 괴로움을 분석하십니다. 먼저 '우연한 고'와 '사람이 지어서 받는 고'로 분류를 하십니다. 그리고 '영원한 고가 되는 고'와 '변하여 낙(樂)이 되는 고'로 나눠보십니다. 대종사님 식의 분석입니다.

모든 고통을 이렇게 분석하기만 해도 우리는 그 고통에서 벗어날 수 있습니다. 고통의 한 복판으로 저벅저벅 걸어 들어가 전율하는 기쁨을 누릴 수도 있고, 기쁨의 한 가운데 도사린 고통의 실체와 맞닥뜨릴 수도 있습니다.

사람들은 모두 고를 벗어나 낙을 누리고 싶어하지만 '그 원인을 생각하여 보는 사람은 적은지라, 이 고가 영원한 고가 될는지 고가 변하여 낙이 될는지 낙이라도 영원한 낙이 될는지 낙이 변하여 고가 될는지 생각 없이 살지마는, 우리는 정당한 고락과 부정당한 고락을 자상히 알아서 정당한 고락으로 무궁한 세월을 한결같이 지내며, 부정당한 고락은 영원히 오지 아니하도록 행 · 주 · 좌 · 와 · 어 · 묵 · 동 · 정 간에 응용하는 데 온전한 생각으로 취사하기를 주의할 것' 이라고 말씀하십니다. 고와 낙의 본질을 드러내주십니다.

고와 낙에도 정의와 불의가 있음을 알려주십니다. 괴로움과 즐거움의 경계를 넘나들고 녹여버리라고 하십니다. 고락을 자유자재하라고 하십니다. 이 법문이 바로 극락문입니다.

감옥을 박차고 크게 웃는 …

– 고락에 대한 법문 2

배고프지 않은 사자는 늘어져 잠을 잡니다. 날고 싶지 않은 새는 날개를 펄럭이지 않습니다. 자유를 갈망하지 않는 죄수는 쇠창살 안에서 편안합니다.

수많은 사찰과 교회 그리고 교당을 찾는 종교인들의 목적은 무엇일까요? 갖가지 대답이 가능하겠지만 결국은 '고통에서 벗어나고 싶어서' 가 아닐까요? 이 적나라한 욕구를 채우기 위해서 종교가 있는 것이죠.

모든 부처님들과 성현님들의 가르침들도 결국 이 문제를 해결하기 위한 것이고, 대종사님도 이 목적을 벗어나지 않습니다. 대종사님은 단도직입으로 말씀하십니다. '낙(樂)을 버리고 고(苦)로 들어가는 원인' 다섯 가지가 있다고.

신앙과 수행을 한다고 했는데 고통으로부터 해방되지 않는다면 무언가 어긋나고 있는 것입니다. 얻어야 할 것을 얻지 못하고 있는 것이죠.

배가 아파도 원인이 있고, 옆구리가 결려도 원인이 있습니다. 내 삶에서 맞닥뜨리는 모든 고통에는 다 원인이 있습니다. 원인을 알아야 근본적인 치료가 가능합니다.

혹시 내 신앙과 수행이 잠시 고통을 잊게 하는 진통제와 같은 것은 아닌지 돌아볼 필요가 있습니다. 대종사님을 만났다는 것은 고통의 본질을 직시하고 뿌리째 고통을 타파할 수 있는 하늘이 도운 기회입니다. 가르침을 제대로만 따른다면 고통은 사라지고, 그 자리에 새로운 기쁨과 힘이 넘쳐 흐릅니다.

배고픈 사자라면 초원을 달려야 하고, 날고 싶은 새라면 날개짓을 해야 합니다. 대종사님의 참 제자라면 고통의 창살을 박차고 나와 자유를 호흡하고 천지를 활보하는 대자유인이 되어야 합니다. 우리는 고통의 죄수로 태어나지도 않았고, 누가 나를 가둘 수도 없습니다. 새해! 별 것도 없는 고통의 감옥을 박차고 나와 크게 웃는 나날 되소서!

병든 사회와 그 치료법

사람도 병이 들어 낫지 못하면 불구자가 되든지 혹은 폐인이 되든지 혹은 죽기까지도 하는 것과 같이, 한 사회도 병이 들었으나 그 지도자가 병든 줄을 알지 못한다든지 설사 안다 할지라도 치료의 성의가 없다든지 하여 그 시일이 오래되고 보면 그 사회는 불완전한 사회가 될 것이며, 혹은 부패한 사회가 될 수도 있으며, 혹은 파멸의 사회가 될 수도 있나니, 한 사회가 병들어가는 증거를 대강 들어 말하자면 각자가 서로 자기 잘못은 알지 못하고 다른 사람의 잘못하는 것만 많이 드러내는 것이며, 또는 부정당한 의뢰 생활을 하는 것이며, 또는 지도 받을 자리에서 정당한 지도를 잘 받지 아니하는 것이며, 또는 지도할 자리에서 정당한 지도로써 교화할 줄을 모르는 것이며, 또는 착한 사람은 찬성하고 악한 사람은 불쌍히 여기며, 이로운 것은 저 사람에게 주고 해로운 것은 내가 가지며, 편안한 것은 저 사람을 주고 괴로운 것은 내가 가지는 등의 공익심이 없는 연고이니, 이 병을 치료하기로 하면 자기의 잘못을 항상 조사할 것이며, 부정당한 의뢰 생활을 하지 말 것이며, 지도 받을 자리에서 정당한 지도를 잘 받을 것이며, 지도할 자리에서 정당한 지도로써 교화를 잘 할 것이며, 자리(自利) 주의를 버리고 이타 주의로 나아가면 그 치료가 잘 될 것이며 따라서 그 병이 완쾌되는 동시에 건전하고 평화한 사회가 될 것이니라.

대종사님 청진기를 드시고

– 병든 사회와 그 치료법

대종사님께서 청진기를 든 의사처럼 우리가 살고 있는 사회를 진단하십니다. 다음과 같은 증세를 병의 증거로 집어내시며 우리 사회를 진단하십니다.

첫째는 '각자가 자기의 잘못을 알지 못하고 다른 사람의 잘못 하는 것만 많이 드러내는 것' 이 우리 사회가 병들어가는 증거라고 진단하십니다. 둘째는 '부정당한 의뢰생활을 하는 것', 셋째는 '지도 받을 자리에서 정당한 지도를 잘 받지 아니하는 것', 넷째는 '지도할 자리에서 정당한 지도로서 교화할 줄 모르는 것', 다섯째는 '공익심이 없는 것' 을 꼽고 계십니다.

정말 그렇습니다. 우리 사회에 이런 모습이 얼마나 많습니까? 일일이 열거할 필요도 없을 만큼 많습니다. 자신의 잘못을 인정하면 큰일이라도 날 것처럼 자기변호에 급급한 단체나 조직이 얼마나 많으며, 하는 일도 없이 타력에 기대어 사는 사람들은 또 얼마나 많습니까? 배워야 할 사람들이 오히려 가르치려들고, 가르쳐야 할 사람들이 나서지 않는 경우는 얼마나 많습니까? 또, 이기주의에 사로잡혀 사사로운 이익을 앞세우는 사람들은 얼마나 많습니까?

그런데 가만히 보니 이 병증들이 꼭 사회에만 해당하는 것이 아니라 바로 나에게서 나타나는 증세입니다. 또 가만히 보니 대종사님 교법 가운데 사은(천지은, 부모은, 동포은, 법률은)과 사요(자력양성, 지자본위, 타자녀교육, 공도자숭배)의 정신과 같은 내용입니다. 개인이나 사회에 바라는 것이 결국 같다고 보신 것이죠. 그러니 '병든 사회'에 관한 법문이어도 나는 내 병증을 돌아보아야 하고, 내 병을 치료하기 위해서 먼저 노력해야 하겠습니다.

고열로 신음하는 우리를 위해 밤잠을 설치고 열을 재고 맥박을 재며 청진기를 귀에 걸고 시름에 젖어 있는 의사 한 분이 희미하게 떠오르는 듯합니다.

영육쌍전법

과거에는 세간 생활을 하고 보면 수도인이 아니라 하므로 수도인 가운데 직업 없이 놀고 먹는 폐풍이 치성하여 개인 · 가정 · 사회 · 국가에 해독이 많이 미쳐 왔으나, 이제부터는 묵은 세상을 새 세상으로 건설하게 되므로 새 세상의 종교는 수도와 생활이 둘이 아닌 산 종교라야 할 것이니라. 그러므로, 우리는 제불조사 정전(正傳)의 심인인 법신불 일원상의 진리와 수양 · 연구 · 취사의 삼학으로써 의 · 식 · 주를 얻고 의 · 식 · 주와 삼학으로써 그 진리를 얻어서 영육을 쌍전하여 개인 · 가정 · 사회 · 국가에 도움이 되게 하자는 것이니라.

결코 넘어서기 힘든 종교

– 영육쌍전법

원불교! 말법의 세상, 약육강식의 제국주의가 민중들을 수탈하던 시절, 한참이나 뒤쳐진 나라의 촌구석에서 태어난 종교. 아직도 대한민국 국민의 1%도 신자로 만들지 못한 마이너 종교. 서양의 물질문명에 눈 먼 세상에서 유통기한 지나 버린 듯한 유 · 불 · 선을 오히려 감싸 안은 종교. 이제 겨우 100년도 안된 종교. 우리 원불교입니다.

허나, 이 작은 종교는 넘어서기 힘든 종교입니다. 대종사님은 '과거에는 세간생활을 하고 보면 수도인이 아니라 하므로 수도인 가운데 직업 없이 놀고먹는 폐풍이 치성' 했다고 하시며 아무렇지도 않게 덧붙이십니다. '이제부터는 묵은 세상을 새 세상으로 건설하게 되므로 새 세상의 종교는 수도와 생활이 둘이 아닌 산 종교라야 할 것이니라' 고.

북풍한설 몰아치던 엄동설한도 작은 꽃망울 하나 터지기 시작하면 허무하게 녹아내립니다. 겨울은 봄에게 소리 없이 자리를 내줘야 합니다. 원불교엔 봉쇄수도원도 없고 토굴도 없습니다. 성속을 넘나드는 이상한(?) 수도인들이 있을 뿐입니다.

원불교는 비승비속(非僧非俗)이라, 중도 아니고 속도 아닙니다. 성(聖)도 아니고 속(俗)도 아닙니다. 그래서 중도 되고, 속도 됩니다. 성도 되고, 속도 됩니다. 세간생활을 하면서도 거기 물들지 않고, 수도를 하면서도 거기에 집착하지 않습니다. 수도와 생활을 하나로 엮어버리고 교단과 세상의 경계를 간단히 허물어버립니다.

그래서 원불교를 넘어서기 힘듭니다. 예외가 있다면, 세상 모든 사람들의 마음(靈)과 몸(肉)이 모두 온전하게 완성되고, 더 이상의 종교가 필요 없을 때일 것입니다. 지금은 온 맘, 온 몸, 온전한 인격, 산 종교, 새 세상으로 한 걸음 한 걸음 나아갈 뿐입니다. 영육쌍전은 개인은 물론 종교와 이 세상의 목적지입니다.

법위등급

공부인의 수행 정도를 따라 여섯 가지 등급의 법위가 있나니 곧 보통급 · 특신급 · 법마상전급 · 법강항마위(法强降魔位) · 출가위(出家位) · 대각여래위(大覺如來位)니라.

보통급은 유무식 · 남녀 · 노소 · 선악 · 귀천을 막론하고 처음으로 불문에 귀의하여 보통급 십계를 받은 사람의 급이요,

특신급은 보통급 십계를 일일이 실행하고, 예비 특신급에 승급하여 특신급 십계를 받아 지키며, 우리의 교리와 법규를 대강 이해하며, 모든 사업이나 생각이나 신앙이나 정성이 다른 세상에 흐르지 않는 사람의 급이요,

법마상전급은 보통급 십계와 특신급 십계를 일일이 실행하고 예비 법마상전급에 승급하여 법마상전급 십계를 받아 지키며, 법과 마를 일일이 분석하고 우리의 경전 해석에 과히 착오가 없으며,천만 경계 중에서 사심을 제거하는 데 재미를 붙이고 무관사(無關事)에 동하지 않으며, 법마상전의 뜻을 알아 법마상전을 하되 인생의 요도와 공부의 요도에 대기사(大忌事)는 아니하고, 세밀한 일이라도 반수 이상 법의 승(勝)을 얻는

사람의 급이요,

법강항마위는 법마상전급 승급 조항을 일일이 실행하고 예비 법강항마위에 승급하여, 육근을 응용하여 법마상전을 하되 법이 백전 백승하며, 우리 경전의 뜻을 일일이 해석하고 대소유무의 이치에 걸림이 없으며, 생 · 로 · 병 · 사에 해탈을 얻은 사람의 위요,

출가위는 법강항마위 승급 조항을 일일이 실행하고 예비 출가위에 승급하여, 대소유무의 이치를 따라 인간의 시비 이해를 건설하며, 현재 모든 종교의 교리를 정통하며, 원근 친소와 자타의 국한을 벗어나서 일체 생령을 위하여 천신 만고와 함지 사지를 당하여도 여한이 없는 사람의 위요,

대각여래위는 출가위 승급 조항을 일일이 실행하고 예비 대각여래위에 승급하여, 대자대비로 일체생령을 제도하되 만능(萬能)이 겸비하며, 천만 방편으로 수기응변(隨機應變)하여 교화하되 대의에 어긋남이 없고 교화 받는 사람으로서 그 방편을 알지 못하게 하며, 동하여도 분별에 착이 없고 정하여도 분별이 절도에 맞는 사람의 위니라.

운명을 바꾸는 조용한 출발

– 법위등급, 보통급

출퇴근길 지하철에서 발뒤꿈치를 들고 서 있고, 손힘을 기르려 손잡이도 손끝으로 잡는 여자. 빈자리가 나면 서로 앉기 바쁜 지하철에서 오히려 끝없이 체력단련을 하는 사람. 히말라야를 가려는 사람이었습니다. 여기 히말라야보다 거룩한 목적지를 향한 소리 없는 출발이 있습니다. 불지(佛地)! 부처님의 경지를 향한 첫걸음입니다.

대종사님은 공부인의 수행정도를 따라 여섯 가지 등급으로 법위를 구분하셨습니다. 최종 목적지는 '대각여래위(大覺如來位)'. 이를 향한 출발지가 '보통급(普通級)' 입니다. '유무식, 남녀, 노소, 선악, 귀천을 막론하고 처음으로 불문(佛門)에 귀의(歸依)하여 보통급 십계문을 받은 사람의 급' 입니다.

'천지가 생긴 이후 처음 나온 법' (대산 종사)이라고 할 만큼 위대한 법이지만 그 출발은 누구에게나 열려 있습니다. 유식하든 무식하든, 남자든 여자든, 늙었든 젊었든…. 입교를 해서 보통급이 되는 순간 '앞으로 여래가 되어야 할 의무와 권리가 부여된다' (대산 종사)고 엄청난 희망을 주십니다.

지금 내가 걷는 길의 목적지는 어디입니까? 세계 최고봉을 오르겠다는 사람은 가슴 터지는 희망으로 하루하루 자신을 단련합니다. 지하철에 있든, 사무실에 있든 그의 가슴엔 히말라야가 살아있고 그의 눈앞엔 설산이 보입니다. 꿈에도 산을 오릅니다. 이런 사람이 바로 목적을 가진 사람입니다.

불지를 향해 출발하는 사람도 마찬가지. 아무도 모르는 조용한 다짐이고 출발이건만 이것 만으로도 과거의 업장은 무너지고 새로운 삶과 운명이 전개됩니다. 새로운 세계의 문이 열립니다. 이 거룩한 출발이 바로 보통급입니다.

부처님께 속는 셈치고 원불교에 입교해서 부처님 족보에 이름을 올려보십시오. 그리고 확인하십시오. 내 삶과 운명이 바뀌는지 바뀌지 않는지… .

그 재미 느껴보았느냐?

– 법위등급, 특신급

'정식 특신급은 무엇으로도 바꾸지 않는 마음이 서진 사람이다. 그 재미 느껴 보았느냐? 그 힘으로 일생 살아간다. 무서운 것 모르고 튀어나와서 입지(立志)된 때이다. 초발심시변정각(初發心是便正覺)이라, 정특 자리에서 일초직입여래위(一超直入如來位)되는 근기도 있다.' (대산종사)

무엇으로도 바꾸지 않는 마음이 있기에 '모든 사업이나 신앙이나 정성이 다른 세상에 흐르지 않는' 것입니다.

믿음으로 꽉 차서 부처님 손을 꼭 잡고 부처님 하라는 대로 하는 사람이 특신급입니다. 대종사님 가르침대로 조석으로 심고를 올리라면 올리고, 일기를 쓰라면 쓰고, 법회에 빠지지 말라면 무슨 일이 있어도 빠지지 않는 사람입니다. 원불교 덕분에 눈을 떠서 세상이 온통 은혜로 보은의 일거리로 꽉 차 보이고, 온통 마음공부거리로 꽉 차 보이는 사람입니다. 내 존재의 의미와 삶의 목적을 찾았다며 행복에 흠뻑 젖어있는 사람입니다.

다른 공부는 작아 보이고, 개인을 위하는 사업은 싱거워 보입니다. 원불교 만난 기쁨을 소리쳐 자랑하고 싶고 부귀와 권세는 가소롭습니다.

대산 종사님은 '구인제자가 이 생명을 바쳐서 이 세상에 도덕을 펼 수 있다면 죽어도 여한이 없다는 혈인서천(血印誓天)을 한 것이 바로 정식 특신급' 이라고 하셨으니 죽음도 넘어서는 믿음입니다.

그 누구도 이 사람을 쓰러뜨릴 수 없습니다. 세상의 천만 경계가 아무리 혹독하여도 이 사람의 신심을 무너뜨릴 수 없습니다. 이들 앞에는 오직 깨달음만이 있어서 믿음이 점점 깨달음으로 변해갈 뿐입니다. '공부심만 가지고 나간다면 비록 백년이든 천년이든 성불은 받아 놓은 날짜' (대산 종사)라는 법문을 선물로 받을만한 사람입니다. 이 재미 느껴봐야죠. 하하.

알기 쉬운 교리 행복한 정전

인쇄 2008년 4월 10일
발행 2008년 4월 15일
저자 최정풍

연락처
경기도 연천군 전곡읍 은대리 99-4
windntrees@hanmail.net
hanazero@won.or.kr

기획 한울안신문사
디자인 유인숙, 최이영
발행 원불교출판사
주소 익산시 신용동 344-2 원불교출판사
출판등록일 1991년 5월 18일 제6호